慕课背景下的大学生创新创业教育与能力培养研究

肖立章 著

北京工业大学出版社

图书在版编目（CIP）数据

慕课背景下的大学生创新创业教育与能力培养研究/
肖立章著. — 北京：北京工业大学出版社，2025.7重印
ISBN 978-7-5639-6171-9

Ⅰ. ①慕… Ⅱ. ①肖… Ⅲ. ①大学生－创业－研究
Ⅳ. ①G647.38

中国版本图书馆 CIP 数据核字（2018）第 074076 号

慕课背景下的大学生创新创业教育与能力培养研究

著　　者：肖立章
责任编辑：刘亚茹
封面设计：亚飞文化
出版发行：北京工业大学出版社
（北京市朝阳区平乐园 100 号　邮编：100124）
010-67391722（传真）　bgdcbs@sina.com
经销单位：全国各地新华书店
承印单位：三河市元兴印务有限公司
开　　本：787 毫米×960 毫米　1/16
印　　张：15
字　　数：200 千字
版　　次：2021 年 10 月第 1 版
印　　次：2025 年7月第4次印刷
标准书号：ISBN 978-7-5639-6171-9
定　　价：36.00 元

前言

“慕课”是指大规模开放在线课程，它不同于传统的采用电视广播、互联网、辅导专线、函授等形式的远程教育，也不完全等同于近期兴起的网络教学视频公开课，更不同于基于网络的学习软件或在线应用。慕课作为新近涌现出来的一种在线课程开发模式，它开发于过去那种发布资源、学习管理系统以及将学习管理系统与更多的开放网络资源综合起来的课程开发模式。换句话说，慕课是大规模的网络开放课程，它是为了增强知识传播而由具有分享和协作精神的个人组织发布于互联网上的开放课程。在这种模式下，大学的课程和课堂教学、学生的学习进程和学习体验、师生的互动过程等被完整地、系统地在线实现；也正是基于这种课程的独特之处，进而推动大学生创新创业教育与能力的培养，进一步推进大学生的全面培养与发展。

本书包括八个章节：第一章慕课相关研究；第二章创新创业教育概述；第三章创业与创业时代环境；第四章大学生创新创业教育环境与体系的构建；第五章大学生创新创业教育与能力培养；第六章大学生创新创业教育课程设置；第七章大学生创业保障体系的构建；第八章基于慕课背景下的大学生创新创业教育与能力培养。

本书在编写过程中参考了大量专著和文献，在此，向这些专著的作者、编者和出版社以及为这本书提出宝贵经验的领导、专家和朋友们致以衷心的感谢！此外，由于成书仓促和水平有限，书中难免有不足之处，敬请批评指正。

目 录

第一章　慕课相关研究

第一节　慕课的兴起

一、慕课概述

（一）定义

“慕课”，简称 MOOC，即大规模开放在线课程。其中，“M”代表 Massive（大规模），指的是课程注册人数多，每门课程容量可达数万人，曾经一门课程的规模达到了 16 万名学生；第一个“O”代表 Open（开放），指的是学习气氛浓厚，以兴趣为导向，凡是想学习的，都可以进来学；第二个“O”代表 Online（在线），指的是时间和空间灵活，使用客观、自动化的线上学习评价系统，如随堂测验、考试等，而且还能运用大型开放式网络课程来处理大众的互动和回应，学生自我管理学习进度，自动批改、相互批改、小组合作等形式保证教学互动，全天开放，提出问题 5 分钟后即能得到反馈；“C”则代表 Course（课程）。

慕课不同于传统的采用电视广播、互联网、辅导专线、函授等形式的远程教育，也不完全等同于近期兴起的网络教学视频公开课，更不同于基于网络的学习软件或在线应用。就目前看到的“大规模、开放式在线课程”而言，在慕课模式下，大学的课程和课堂教学、学生的学习进程和学习体验、师生的互动过程等被完整地、系统地在线实现。

慕课作为新近涌现出来的一种在线课程开发模式，它开发于过去那种发布资源、学习管理系统以及将学习管理系统与更多的开放网络资源综合起来的课程开发模式。换句话说，慕课是大规模的网络开放课程，它是为了增强知识传播而由具有分享和协作精神的个人组织发布于互联网上的开放课程。

（二）教学形式

1.课程范围

慕课是以联通主义理论和网络化学习的开放教育学为基础的。这些课程同传统的大学课程一样，循序渐进地帮助学生从初学者成长为高级人才。课程不仅包括了广泛的科技学科，如数学、统计学、计算机科学和工程学，还包括了社会科学和人文学科。最初慕课课程并不提供学分，也不算在本科或研究生学位里，并且参与慕课的学习是免费的。然而，随着慕课在全球大规模的发展，许多学习者也试图通过慕课获得某种认证，一些慕课平台则开始收取一定的费用。

2. 授课形式

慕课课程不是搜集，而是一种将分布于世界各地的授课者和学习者通过某一个共同的话题或主题联系起来的方式方法。这些课程通常对学习者并没有特别的要求。所有的课程都会以每周研讨话题的形式，提供一份详细的时间表，通常会包括每周一次的讲授、研讨问题以及阅读建议等。

3. 测验

每门课程都有频繁的小测验，有时还有期中和期末考试。考试通常由同学评分，比如，一门课的每份试卷由同班的五名同学评分，最后取平均分作为总分数。一些学生成立了网上学习小组，或与附近的同学组成面对面的学习小组。

（三）主要特点

1. 规模较大

慕课不是指个人发布的一两门课程，是指那些由参与者发布的大型的或者大规模的课程，才是典型的慕课。

2. 开放课程

慕课尊崇创用共享协议，只有当课程是开放的时候，才可以称之为慕课。

3. 网络课程

慕课不是面对面的课程，这些课程材料分散于互联网上。人们的上课地点不受限制，无论其身在何处，只需要一台电脑网络连接就可以花很少的钱观看和学习世界一流大学的优秀课程。

二、慕课的发展过程

虽然慕课的发展历史短暂，但是其发展过程却是比较漫长的。大量公开免费的线上教学课程，其理论基础深植于资讯时代之前，最早可追溯至 1960 年。1961 年 4 月 22 日，美国著名建筑师理查德·巴克敏斯特·富勒针对教育科技的工业化规模发表了演讲，阐述了他对教育科技工业化规模的思考。

1962 年，美国发明家道格拉斯·恩格尔巴特提出来一项研究计划，题目叫“增进人类智慧：斯坦福研究院的一个概念框架”。在这项研究计划中，道格拉斯强调了将计算机作为一种增进智慧的协助工具来加以应用的可能性。也正是在这个研究计划中，道格拉斯提倡个人计算机的广泛传播，并解释了如何将个人计算机与互联的计算机用网络结合起来，从而形成一种大规模的、世界性的信息分享的效应。

自那时起，许多热衷计算机的学者和教育变革家们，如伊万·伊里奇，便开始发表了大量的学术期刊文章和研究报告，极力推进教育过程的开放，号召人们将计算机技术作为一种改革“破碎的教育系统”的手段，应用于学习过程之中。

当在线教育发展了一段时间后，2007年8月，大卫·怀利在美国犹他州立大学开始教授早期的大型开放式网络课程，或称为大型开放式网络课程原型，这是一门开放地让全球有兴趣学习的人来参与的研究生课程。在成为开放课程之前，这门课程只有5名研究生选修，后来则变成有来自8个国家的50名学生选修。

慕课这个术语是在2008年由加拿大爱德华王子岛大学网络传播与创新主任戴夫·科米尔和加拿大人文教育技术应用研究院高级研究员布莱恩·亚历山大联合提出来的。在由阿萨巴斯卡大学技术增强知识研究所副主任乔治·西蒙斯与加拿大研究委员会高级研究员斯蒂芬·唐斯设计和领导的一门在线课程中，为了响应号召，戴夫·科米尔与布莱恩·亚历山大提出了慕课这个概念。乔治·西蒙斯与斯蒂芬·唐斯设计和领导的这门课程名叫《关联主义与关联知识》，在这门课程中，有25名来自曼尼托巴大学的付费学生，还有2300多名来自世界各地的免费学生在线参与课程的学习。该门课程的所有内容都可以通过RSS订阅，学生可以用他们自己选择的工具来参与学习。这些方式是用Moodle平台参加在线论坛讨论，发表博客文章，以及参加同步在线会议。

从2008年开始，一大批教育工作者，包括来自华盛顿大学的吉姆·格卢姆教授以及纽约城市大学约克学院的迈克尔·布兰森·史密斯教授，都采用了这种课程模式，并且成功地在世界各国大学讲授了他们自己的大规模网络开放课程。

最重要的突破发生于2011年秋天，那个时候，来自世界各地的160 000人注册了斯坦福大学塞巴斯蒂安·特龙与彼得·诺米格联合开出的一门《人工智能导论》的免费课程。斯坦福大学华裔教授吴恩达把自己的《机器学习》课程免费放到网络上，同样吸引了全球10万名学生报名学习。

三、慕课发展的高峰期

慕课真正的“井喷”始于2011年秋，来自190多个国家的16万人同时注册了前面提到的《人工智能导论》课程。不久后，斯坦福大学的两位教授创立了课程时代（下文简称Coursera）在线免费课程，并于2012年4月上线，4个月后学生数便突破了100万人，不到一年突破了234万人。后来，普林斯顿大学、斯坦福大学、加州理工学院、密歇根大学和宾夕法尼亚大学等62所知名大学加入了合作共建在线免费课程的行列。2012年5月，麻省理工学院和哈佛大学宣布整合两校师资，联手实施大规模开放在线课程平台（下文简称edX）

网络在线教学计划，第一门课《电子和电路》就有12万名学生注册；2012年秋，第一批课程的学生数已突破37万人，已有全球上百家知名高校申请加入。

由此，2012年被《纽约时报》命名为“慕课元年”，被誉为“印刷术发明以来教育最大的革新”。Coursera、edX、Udacity（在线大学）并称为慕课的“三巨头”。单看Coursera一个平台，在短短一年的时间内就吸引了全球80多所成员高校或机构加盟，共享了386门课程，注册学生数超过了400万人。

慕课的本质是在线教育，它之所以能从正式课堂教育的辅助手段“蜕变”为一种备受瞩目的新型在线教育模式，并且在2012年取得大幅度的进展，有以下几方面的因素。

一是慕课的教学模式已基本成型，使得照此模式批量制作课程成为可能。20多年的网络教育实践可以得出一些能够有效保证网上学习效果的教学经验：网上学习辍学率高，因此不能单纯靠学生自学，一定要有教师引导授课；课程时间应与通常大学教育一样，约8～12周，每周教学分模块进行，每周都要布置作业，并给学生充足地练习时间；授课以视频教学录像为主，主要是黑板演示，并配以教师的讲解，每个视频为8～12分钟，其间穿插小测试，以检验学生的掌握程度；学生通过论坛投票对问题进行排序，使教师只重点回答大家都关心的问题；鼓励学生互教互学，互相帮助来解决学习中的疑难问题。

二是2012年出现了多家专门提供慕课平台的提供商，包括目前该领域的三大巨头：Coursera、Udacity和edX。一些老牌课件平台提供商，如Blackboard公司和Instructure公司，也鼓励教师在其云平台上开设公开课。不少慕课平台，如Instructure公司的Canvas学习管理系统，斯坦福大学新推出的Class2Go，都整合了YouTube、Facebook（脸书）等互联网应用来播放教学视频、扩展在线学习空间。2012年9月，Google（谷歌）公司推出了慕课的开源制作工具——谷歌课程建设者（Google Course Builder）。该工具使得普通教师自己制作慕课课程成为可能。与各个高校建立自己的开放教育资源网站不同，这些专业化平台提供商的出现，降低了高校建设慕课课程的门槛和经费投入，也吸引了更多的一流大学加入慕课课程内容提供商的行列。

三是众多高校的加入促进了慕课的快速成长。例如，Coursera在不到一年的时间内已招募了包括著名的加州理工学院、宾夕法尼亚大学、哥伦比亚大学在内的62所知名大学，带来超过200万名的注册学员。对各国知名高校而言，慕课平台是高等教育的“新大陆”，谁都不希望失去向全世界传播知识、提升国际地位的机会。在未确定慕课对高等教育是否具备颠覆性影响的前提下，参与其中是最好的选择。2012年，麻省理工学院和哈佛大学推出edX的免费在线课程技术后，全世界超过120个院校表示希望加入，其中包括加州大学伯克利分校等知名院校。2012 年 12 月，爱丁堡大学和伦敦大学与美国 Coursera 公司签署了合作协议后，英国其他许多大学，如伯明翰大学、布里斯托大学等 11 所院校也加入了另一家远程教育提供商未来学习公司。

四是大量风险基金和慈善基金进入，国际上较为著名的风险投资公司 KPCB、Greylock Partners、Charles River Ventures 等均投入多笔资金，其中几个著名慕课提供商的融资都在数千万美元以上。这些捐赠除了用于慕课提供商的平台研发、业务拓展之外，也会用于对新型网络教育方式的研究。例如，2012 年 6 月，比尔与梅琳达・盖茨基金会为麻省理工学院提供 100 万美元捐赠，用于支持该学院分析慕课中学生网上学习的数据，以开发和建立全新的计算机类课程在线学习模型。该基金会还希望通过项目了解哪类学生及课程适合于慕课，对于那些不具备自我引导能力的网上学习者，教师应该怎么做。

五是一些大学开始接受慕课的证书，承认其学分。例如，2012 年 9 月 6 日，Udacity 首创在线课程学分制度，将其与大学学分挂钩。科罗拉多州立大学全球校区允许其学生在完成了 Udacity 提供的计算机科学引论课程的学习，并在严格的考试中心通过了 Udacity 提供的考试以及获得证书之后，可以将慕课转为该校的学分。同年 11 月，美国教育理事会同意评审 Coursera 的几门课程，为这些课程的学习证书被更多高校认可创造了条件。

正是由于以上原因，慕课生存发展的良性生态空间基本形成，造就了 2012 年慕课繁荣的景象。

第二节　慕课对高等教育的影响

一、慕课背景下教师的转变

慕课促使大量的优质教育资源触手可及，使现实课堂中传统教师的地位岌岌可危。教师这个人类历史上最古老的职业之一，会在“电子教师”面前退居二线乃至消失吗？

（一）“正义课事件”

与大学管理者关注学校是否会被淘汰一样，教师们更关注的是自己在慕课风潮中是否会被淘汰。

2013 年，美国教育界发生过一件抵制迈克尔・桑德尔教授的“正义课事件”。美国圣何塞州立大学哲学系的几位教授给哈佛大学的“明星教授”桑德尔写了一封公开信，缘由是桑德尔的“正义课”被拍成网络公开课“火”遍互联网后，又登录了世界三大慕课平台之一的 edX。圣何塞州立大学哲学系要求教授们用桑德尔的慕课视频资料上课，这让教授们愤愤不平。除了担心教学本身，他们还担心自己的未来：公立学校办学经费吃紧，相比于雇用教员上课，使用慕课更加廉价。

按照慕课的理想轨迹，一门课程只需要一位会讲课的教师就够了，学生们可以在线互动，作业也可以在线上递交，用机器打分。这样一位教师可以突破教室的场地局限和教育资源限制，同时教数以万计的学生。这种高效率的教学模式几乎同时宣布了未来很多同行要“下岗”。

教师们的这一担忧在我国的大学同样存在。某高校一位分管教学的副校长称，现在上至教育部，下至地方政府，都要求推行慕课，教育部甚至有专门的经费来推动慕课的发展。但是与教育主管部门和大学管理者们对于慕课的满怀热情相比，教师们的热情并不高。推行过程中的阻力，有很大一部分来自教师。因为，如果“明星教授”的课程受到学生欢迎，那么大部分其他的教授只能改行当助教。“明星教授”在线上为学生上课，而他们只能在小教室里为学生组织讨论课并且答疑。这很容易带来教师心理上的落差和情绪反弹。

（二）教师角色的转变

自从心理学家乔治·赫伯特·米德运用“角色”一词说明个体在社会舞台上的身份及其行为后，“教师角色”就被用来解释教师的行为、教师的社会地位及社会对教师的期望等，其实质是对“教师是什么样的人”的概括。由此可以将“教师角色”定义为教师在学校教育中，为实现与其身份、地位相对的权利和义务时，所表现出来的符合社会期望的态度和行为模式的总和。

不同时代对教师有不同的社会期望，这就构成了教师角色的时代特征。在我国的历史进程中，教师角色大致经历了从长者为师、智者为师到知识传授者为师三个阶段。不可否认，长期以来人们对教师角色的上述定位促进了中华文明的传承和发展，在一定程度上保证了教师的社会地位，同时也培养出了许许多多的优秀人才。然而，随着社会的前进和发展，传统教师角色定位的局限性开始凸显。

（三）慕课时代教师的角色定位

1. 教师由知识传授者转向学生学习的指导者和促进者

传统的教育以知识为中心开展，教师的职能是围绕知识来进行的，即教师的主要职能是“传授知识”。作为教师，其主要职责在于将自己“术业有专攻”“闻道有先后”所获取的知识传授给学生，当传授活动结束时，教师的教学也就宣告完成。

然而，在慕课时代，教师的职能将发生重大变化。随着课堂逐渐电子化，微课堂逐步成为教学课堂的主流，实践性视频将占用学生的时间，并且越来越直观地将现实问题呈现在学生的眼前，对现实问题的探索将成为学生学习的重要任务，甚至占据主导地位。由于在线课程拥有丰富的优秀教师的教学视频资源，学生既可以选择在学校学习，又可以选择在家中学习，学习的时间可以自由选择安排。学习的方式也发生重大变化，学生可以轻松看视频，徜徉在学科游戏中，也可以在讨论社区自由地阐释自己的观点。在这种情况下，学生通过在线课程已经完成了知识的学习过程。教师教学如果仍然像过去一样以传授知识为主，那么既会造成知识讲授的无谓重复，同时又无法满足学生掌握知识之后的新的学习需求。在慕课教育模式下，教师的主要工作就变为了解学生，分析学生，引导学生自主发展、自主学习，在这一过程中教师的传授知识职能明显弱化而更倾向于对学生的学习进行指导与促进。

2. 教师由课程实施者转向教育资源的整合者和设计者

在我国传统教学中，教师一直被定位为“知识传递者”。教学课程中系统的学科知识由课程专家进行设计，教材由国家统一编订，而教师虽然表面上看处于整个教学流程的中心，但实际上只能被动地使用统一教材，进行流程化教学。教师这一身份被固定在了国家既定课程标准“传递者”的角色上，成为所谓标准化、科学化教学模式和方法技术的“操作员”。

随着进入慕课时代，教师的“知识传递者”角色发生了改变。慕课时代为教育发展创造的最大便利是大大减少了聚集海量教育资源的成本，将教育领域的合作类型与形式进行了互联网时代的创新。举例来说，2013 年 7 月 8 日，上海交通大学加盟 Coursera，成为加入 Coursera 的第一所国内高校，并和耶鲁大学、麻省理工学院、斯坦福大学等世界一流大学一起，共建共享全球最大的在线课程网络。同年 5 月 21 日，edX 宣布新增 15 所高校的在线课程项目，其中就包括北京大学、清华大学在内的 6 所亚洲名校。面对如此丰富的教育资源，教师不可能再固守过去仅仅是“传递者”的角色定位，而必须要积极地利用各种有效的信息渠道，培养自己聚集、分析、开发教育资源的意识与能力，在聚集教育资源的过程中完善自己。教师需要各种各样的考察、学习机会，要吸收其他教师的成功教育经验，要培养自己获取教育资源的主动性、创造性，从这一点来说，教师既是教育资源的开发者，又是教育资源的最大受益者。

3. 教师由实践者转向研究者

传统教学是一种以教师为主的教学模式。由于技术手段非常单一，教师只要掌握所在领域深厚扎实的基本理论和精深的专业知识，懂得一般的教学技能就能很好地掌控课程，完成知识传授的职能。

慕课背景下，由于注册学生来源广泛，知识结构及基础具有很大差异，学习需求和动机也各不相同，因此教学的起点也应不同。教师必须针对学生的这些特点精心选择教学内容，以适合网络传播及满足不同学生的需要，便于更多的学生学习。慕课模式将以往学生做家庭作业的时间改成了学习教学视频时间，而将课堂上的时间用于完成作业、解决疑难问题等。在这种情况下，教师既需要高度把握学科知识，又需要把握学生的学习特点和接受方式，还要在课堂上及时掌握学生的学情，针对不同的学生给予不同的帮助，实现因材施教。

此外，慕课开放性、生成性的特点，决定了学生的学习在一定程度上具有迷失性，这就需要教师来加强正确引导，从而避免学生因缺乏指导和支持而出现高辍学率。另外，慕课的教学过程大部分依靠师生互动和生生互动，教师必须掌握网络技术背景下互动环节的设计以及在线课程测评、研讨交流等技术手段，从而提高慕课教学的质量和效益。这就需要教师不仅具有传统的学科专业知识，还必须具备信息技术、网络技术、虚拟现实技术、数据挖掘技术、云信息等现代信息技术，并能实现技术与学术的结合，开发设置出更多优质的慕课课程。

4. 教师由“个人英雄主义”向团队合作转变

长期以来，教师一直采用的是个人“作坊式”的工作方式，即独立完成一门课程的教案设计、备课、教学、作业批改、答疑辅导等，具有个体性劳动的显著特点，教师之间缺乏足够的协作交流，从而导致大量低水平、重复性工作充斥教育领域。

慕课是一种全新的教育运作模式，在这种模式下，单靠一名教师的力量显然无法适应慕课教学的要求，必须依靠教师团队的协作，由不同的教师在整个教学过程中担任某一特定的角色，如课程的主讲教师、辅导教师、研讨助教、学员学习支持服务助教等，不同角色的教师在分工上既有侧重又密切配合。为了吸引来自世界各地的学生参与到慕课课程的学习当中来，并满足不同学生的个性化学习需求，课程设计团队需要在前期投入大量的时间和精力。授课教师在开课之前需要花费大量的时间精心地进行课前准备，在开课过程中，每周还需要花费较多的时间为学生解答在学习过程中遇到的疑惑和各种问题，并且还需要配备相应的辅导教师和学生学习情况分析教师，以便对学生的学习过程进行及时的跟踪反馈，为其提供及时而有效的帮助。在课程运行过程中，课程设计团队还要根据学生的学习数据分析和反馈对课程设计进行及时动态的调整，不断满足学生个性化的学习需求。

二、慕课背景下大学的发展

统计数据显示，在过去的1500年中全世界曾经成立过无数机构，但只有85个机构存活至今，其中50个是大学，可见大学在教育体系中的重要性和稳固性。但是，慕课出现以后，大学是不是也可能保不住了呢？美国圣何塞州立大学曾把电子工程系的一门导论课让位给edX上的一门课程。结果一个学期下来，学生的课程通过率远远高于传统课堂。那么，在慕课的冲击下，大学将会怎样发展。

（一）"鲍莫尔成本病"的出现

苹果公司创办人史蒂夫·乔布斯去世前曾提出一个深刻的疑问："为什么互联网技术改变了几乎所有的领域，却唯独对教育的影响小得令人吃惊？"

技术推动教育，这种观点看起来再平常不过，但事实却如 edX 总裁阿纳特·阿加瓦尔所言："教育在过去的 500 年中，实际上没有什么本质的变化，上一次变革，是印刷机和教科书。"这是事实，自从著名古希腊哲学家亚里士多德在其雅典吕克昂（园林学园）讲学以来，人类高等教育的方式变化不多，年轻的学生仍然在某一指定的时间和地点聚集在一起，聆听学者们的智慧。从牛津四方院到哈佛园，再到中世纪大学诞生以来，虽然时代在不断发展，但高等教育的教学、考试模式却没有发生本质的变化。就像彼得·戴曼迪斯等人在《富足》一书中描述工业文明教育的实质那样，标准化是教育规则，同一性是教育的预期结果。同一年龄的所有学生使用相同教材，参加相同的考试，教学效果也按同样的考核尺度进行评估。学校以工厂为效仿对象：每一天都被均匀地分割为若干个时间段，每段时间的开始和结束都以敲钟为号。

大学教育的模式基本没变，但是大学之外的经济、技术和观念却追随着时代的发展不断变化。如今大学教育早已不再是少数人的特权。由于政府公共财政与私人资本的投入，全球高等教育正在迅速发展。2014 年，大约有 350 万个美国学生和 500 万个欧洲学生大学毕业。与此同时，发展中国家的大学也在快速发展，比如，我国 20 年中就增加了近 3000 万个大学名额。

高等教育的教学模式不仅变化小，还背负着沉重的压力。20 世纪 60 年代，两位经济学家威廉·J. 鲍莫尔（William J. Baumol）和威廉·波温（William G. Bowen）发现了教育等行业中出现的"成本病"，他们的理论引发人们开始思考教育体系的压力。通常来说，如果某行业工人的工资增加的话，其产值也会上升，但哈佛大学的教室能够容纳的学生仍和一个世纪以前差不多。此外，在把 18 岁的青年人变成受过教育的成年男女的时候，通常用来提高效率的方式并没有采用。虽然在过去的 100 年中，教师的工资相比整体经济有了或多或少的增长，但他们的产值仍停滞不前。人们认为，"鲍莫尔成本病"理论或许可以用来解释为什么教育开支一路飙升，却不见明显成效。

波温在七八十岁的时候仍然担任普林斯顿大学的校长，卸任之后，他加入了梅隆基金会。2013 年，在斯坦福大学组织的一系列演讲中，他提出在线教育可能治愈他在近半个世纪前发现的"成本病"。如果不堪重负的教育机构能把学生分流给在线教育，将可以减少教职员工的数量和相关开支，课堂也不会如此拥挤，最大的好处是高等教育中的精英和平民体系从此得以融为一体，相辅相成。全国财力最雄厚的大学可以给那些不怎么受欢迎的大学提供一些资源，同时也能在这个过程中精简自己的教学。至于那些现在只能勉强维持的学校，它们可以使用在线课程资源，让学生享受到一流的教育。

（二）慕课为大学注入新的力量

20 世纪以来新科技革命浪潮开始以迅雷不及掩耳之势迅速兴起，把人类社会推进到一个全新的信息科技时代，即新媒体信息化时代。新媒体信息化运用新的高端技术迅速兴起和快速发展壮大，出现在人类所生活的每个角落，牵动着每一个生活在社会领域里不管是群体还是独立个体的活动行为。学校这座象牙之塔并非孤立存在的个体而与世隔绝，它是社会里的重要组成部分，不可避免地会受社会的影响。各种知识如爆炸般通过互联网等新媒体信息技术迅速猛增，应对知识时代信息传播的广泛性和异时空性，慕课乘机快速成长起来。

伴随着网络技术、数字化技术和卫星技术等新型高科技的迅猛发展，借助互联网技术的慕课也快速发展，快速影响着传统大学的功能性转变，改变了传统大学传播知识功能的相对单一性。现在的慕课能够提供多种多样的教育课程产品，以供学生根据需要和兴趣做出自主性的选择。传统大学中，一般是教师教什么学生只能被动地接受什么，选择性较差，如果学生对某堂课不感兴趣，或是认为此门课程没有帮助自己在某方面有所提升，往往也只能是被动地接受，某些学生甚至还会采取不当措施来扰乱课堂，进而使得课程达不到教学质量的预期要求。

慕课的出现改变了传统学校的功能形态，给予学生更多的选择性，呈现出大学更加开放的特性，打破了传统教育功能的封闭性特征表现。具体说来，开放，即任何人都可以免费参与到网络课程的学习中，慕课对学习者没有任何准入门槛，也没有地域的限制。大规模，即课程在设计时要考虑到支持大量的参与者。课程要素完整，即课程包括了学习目标、教学活动、学习活动、时间安排、练习和作业、学习评价、学习成果证明等。慕课强调交互，尤其重视学习者之间的交互，积极开展同伴互助和同伴评价活动。这些都是传统大学没有的新型大学功能表征。

（三）大学的发展趋势

慕课在短时间内便蔓延至世界各国，得到大学领导人和学术界的积极认可和推荐，它被赋予了众望。2014 年 6 月 20 日，《中国远程教育》杂志社和中国移动学习联盟主办的“2014 中国大学 MOOC 发展论坛”上，专家们也是极为认可慕课教育的发展前景。教育部科技发展中心主任李志民说：“慕课带来变化，比如，教室将成为学习的会所，集体做作业、答疑，教学和学校都在云端，学生与教师将互为师生。学生可以在任何一个地方学习，最主要是留学变得简单了，或者说不再有留学的概念。它会带来大学功能的根本改变，大学今后会成为知识探索、知识验证以及考试认证的研究院、考试院。”

于是有人认为，这些成果和相应的保障措施将会进一步地促成慕课给当今大学以庞大数量为主的结构体系构成极大的“威胁”，以数取胜的大学存在形态将会发生革命性的变化。一些在线教育的拥护者认为，慕课将会打破传统大学的“围墙”，任何人都可以在任何时间、任何地点通过网络来“进入课堂”，享受全球最好的教学服务。

2014 年 4 月，上海交通大学研发的慕课平台“好大学在线”正式上线，面向全球提供中文在线课程。上海的 19 所高校还签订了慕课共建共享合作协议，建立学分互认机制，使学生不出校门，就能跨校修读外校优质课程，并获得学分。“慕课将导致传统大学消亡”的观点也获得了更多人的接受和认可。

美国的《国家利益》杂志预言：“未来 50 年内，美国 4500 所大学，将会消失一半。”被誉为“颠覆大师”的哈佛大学商学院教授克莱顿·克里斯坦森认为，慕课是一个潜在的“颠覆性技术”，将消灭许多平庸的大学。他在 2013 年预言：“从现在起的 15 年里，一半多的美国大学将处于破产之中或破产边缘。”一些更加激进的预言则表示“50 年后大概只剩下 10 所实体大学”。对于很多人来讲，慕课的出现和快速发展促使大学数量锐减是必将会出现的。

（四）慕课的缺点

众所周知，课程有显性课程和隐性课程之分，其中，隐性课程指学生在学校情境中无意识地获得经验、价值观、理想等意识形态内容和文化的影响。在信息技术的支持下，明确的、事先编制的显性课程可以较完整地转化为在线课程。但是，如何将那些非预期的、潜在性的隐性课程转化为慕课仍是一个未解难题。毫无疑问，大学培养人才，不仅要注重知识和技能的学习，更要重视情感、态度和价值观的渗透，最终落实到学生健全人格的养成。这些方面的培养显然不是靠一两门课程就能完成的，往往需要长时间的引导和文化渲染。

教育家梅贻琦说：“大学之大，乃大师之大，非大楼之大。”进一步讲，大师之大不是指大师的盛名，而是指大师的思想和品德。以文化育人、以德育人，这是大学精神的核心，也是大学存在的价值体现。慕课可以将显性知识以数字化的形式传递给成千上万名学生，但是，如何将隐性文化原汁原味地呈现给学生，并对学生的情感发展产生影响，将是一件难以完成的任务。

正因为如此，虽然慕课掀起了迅猛浪潮，但大多数大学和使用者仍然只是将在线教育视为传统学位课程的一个补充，而非替代。许多世界顶级名校，包括牛津大学和剑桥大学，已经谢绝使用慕课平台，并拒绝承认学生在慕课平台上的学习结果。

这是因为传统大学有一些非常过硬的优势条件——除了教学、考试和发证，大学教育给学生创造了宝贵的社会资源。此外，在传统大学里，学生还能够学会如何辩论、展示自己、与人交流、结交同学，而这些正是基于慕课的高等教育模式所无法实现的。

许多人力挺大规模在线课程将颠覆传统大学这种高等教育模式，或许错误地认为上大学的首要目的就是获得学位。事实上，大学给学生提供的远远不只是获得一种教育以及提高未来收入的资本。人是社会性的动物，上大学十分有助于学生社会化、建立关系网络、拓宽视野、与同学和教师接受新事物。显然，学生单纯通过互联网进行的慕课学习，难以有传统大学校园里的那种同学之间和师生之间面对面的密切互动。同时，大学里的体育运动、文艺演出、社团活动等，都是慕课所不能纳入和无法实现的。正因为如此，慕课目前尚未撼动欧洲，更不要说颠覆。

三、慕课背景下传统教学模式的发展

（一）“一言堂”和“满堂灌”的传统教学

长期以来，人们一直认为，教学是学校教育的中心工作，课堂教学是学校教育的主渠道，因此，传统教学是以课堂教学为中心的。在传统的课堂教学中，教师的教与学生的学常常是通过以下三种教学模式来开展的。一是教师讲、学生听的模式，又称为“满堂灌”模式。这种教学模式是最常见的。大多数教师的教学大都采用这种模式。在这种课堂上，教师的讲解占用了课堂的绝大部分时间，教师在讲授的基础上，留出一点时间，进行课堂练习，以便让学生巩固教师当堂所传授的知识。二是教师提问、学生回答的模式。这是“满堂灌”模式的一种变式。改革开放以来，随着国外先进教育理论的引进，人们开始反思我国的教育，反对“满堂灌”，提倡启发式教学。但是，许多教师对什么是启发式教学并不清楚，误以为多提问、多让学生回答问题，就是启发式教学。这样，教师的教学由“满堂灌”变成了“满堂问”。三是教师演示、学生模仿的模式。这种教学模式一般是教师在教例题或实验课上运用的。教例题时，教师一边讲解例题，一边在黑板上演示，然后学生照教师演算例题的样子做练习。上实验课时，由于条件和教师观念的制约，一般由教师在讲台上演示，学生在下面观察，学生很少有亲自动手的机会。

上述传统的课堂教学模式有以下两个共同的特点。首先，它们都属于“讲解—接受型”的教学模式，其根本目的是服从于学科教学的需要，系统、完整地传授人类社会几千年来积累的文化科学知识。其次，它们都采用单向的信息传递方式。教师是教学信息的主动发出者，学生是被动的接受者，师生之间很少主动地对信息进行双向交流。这种传统的课堂教学模式不利于调动学生学习的积极性，剥夺了学生课堂教学的情感生活，造成了课堂教学的沉闷局面，学生往往畏惧学习，厌学现象严重。如何尽快改变课堂教学的这种沉闷局面，成为我国课堂教学改革的重要课题。

（二）由“授”到“学”

慕课具有规模大、打破时空限制、开放程度高、可重复、强调学习的体验和互动等基本特点，其核心在于强调一个“学”字，即学生的学习。这些特点从根本上挑战了以往强调“授”的课堂教学模式，它反映的是以“学”为本的教学价值取向，这样便肯定了学生的学习自主权。这种由“授”到“学”的学习模式的转变，得益于慕课的基本特点。首先，慕课空前的规模和开放程度以及不再受时空限制的特点使学生自主选择学习内容成为可能，再加上慕课操作简便、学习成本低廉，使学生的自主学习由可能变成了现实。其次，慕课的可重复性为学生的温故知新创造了条件，学生可以根据自身的需要或兴趣有目的地对学习内容进行重复学习，从而有效地避免了现行课堂模式的“满堂灌”。最后，慕课强调学生对学习的体验和互动，巩固了学生的学习自主权。体验和互动是一种动静结合的学习方法，其教学价值取向强调的是学生的学习。体验是学生学习的静态，它强调的是学生对学习的独立认知、感受和领悟；互动是学生学习的动态，它强调的是学生对学习的诠释和交流。所以说，慕课实际上是学生对学习的认知、感受、领悟以及诠释和交流等的集合，这使得慕课的制作必须紧扣“学”这一内容，因而慕课的制作者的水平也就成为学生评价慕课质量的重要内容。

（三）重新切割课堂

慕课对教师授课水平的要求在授课内容和授课形式两个方面均有表现。一方面，就授课内容而言，课程内容必须满足学生的需要，教学内容需要与时俱进。教师在成为合格的讲授者前必须先成为优秀的学习者和研究者。不仅如此，教师更要了解学生，掌握教学规律，将学生的需要或兴趣巧妙地融于教学活动中。另一方面，在对教学内容进行提炼的同时，教师还需要改革授课形式。学生学习过程中的最佳注意力时长一般在 10 分钟，而不是现行课堂的 40～50 分钟。因此，慕课的视频课程被切割成 10 分钟甚至更小的“微课程”，由许多个小问题穿插其中构成。学习时，学生就像经历电子游戏的通关过程，只有答对过关之后，才能继续听课。

以清华大学历史系教授、博士生导师彭林在学堂开设在线的微课程《文物精品与文化中国》为例，课程以 4～6 件（组）精品文物作引子，将学术界探索中华文明的过程作为线索，实地实景介绍中国古代在造船、玉器等诸多领域的杰出成就，其中不乏学术前沿的考古发现与研究成果，内容精彩纷呈、雅俗共赏，学生可以全方位地、直观而深入地认识中国文化。该课程每个章节都是10分钟，教师每讲解完一个知识点都设置作业让学员在线完成，学员有3次答题机会，教师在线评改。这样的微课程是传统课堂无法比拟的，知识点的讲授和学生知识的建构完美结合在一起。

教师在制作慕课视频时，必须把握教学规律，既要合理控制时间，又要巧妙地设计问题和答案。更进一步讲，成功的慕课要求教师成为优秀的课程设计师和出色的演讲家。教师既要像电子游戏的设计师一样环环相扣地设计课程环节，又要像演讲家一般将每一个环节都生动形象地讲授。因而，在慕课大潮的冲击下，照本宣科和“满堂灌”式的教学模式将无立足之地。

慕课本身呈现的是教学改革进程中信息化和网络化的全新形式，诠释的是教学改革目标中以“学”为本的教学价值取向。这种全新形式和价值取向冲击了现行教学评价方式。我国高校现行的教学评价方式重在评价“授”字，也就是评价教师课程讲授得如何。这一过程中，主要是教育主管部门、高校领导和教师品评授课，学生很少能够参与其中。在慕课中，以“学”为本的教学价值取向加之信息化和网络化的授课形式，使师生之间、学生之间开放的和自由的互动成为常态，使学生对课程的每一个诉求都会直接影响该门课程，这其中包括学生对课程和教师的看法。也就是说，在教学评价方面学生掌握了一定的话语权。

四、慕课背景下混合式教学的出现

慕课不同于传统意义上的网络教育、远程教育，也不同于网络教学视频，更不是简单的灌鸡汤传销式的公开课，它是互联网思维下的教育资源共享。

混合式教学并不是一种全新的教学方法或理论，而是随着教育信息化的深入，逐渐得到了普遍的关注。它主张把传统教学的优势和数字化教学的优势结合起来，两者优势互补，从而获得更佳的教学效果，多用于基础教育领域。随着慕课在高等教育领域的扩散，混合式教学的内涵也发生了改变。它已经不再是简单的传统课堂教学优势与数字化教学优势的结合，而是更为复杂的线上教学系统优势与实体课堂教学系统优势的结合，包括了不同的学习理论、学习者、教师、学习环境、教学方式等的多重结合。

（一）混合式教学出现的原因

最近，一条名为“高校点名出新招，学生使用手机微信扫二维码签到”的微博引起广泛关注，一位大学教师为了提高学生上课效率，自主研发了用二维码点名的App（一般指手机软件），按照这位教师的说法，利用App为每一名同学制作了特定的二维码，其中涵盖了姓名、学号等信息。上课前，学生只要一一扫描二维码，签到信息就会存储到电脑上。教师通过Excel的比对算法，可以知道学生出勤情况，一目了然，大大节省了教师的点名时间。

于是网友纷纷晒出“奇葩”点名方式，拍照合影查人数、对着照片喊到等方法层出不穷。我们在感慨科技进步给课堂带来许多新意的同时，也看到在传统的上课模式中，不管点名方式怎样去改变，学生上课积极性不高是一个普遍的事实。

传统的大学教学遵循的是“教师上课学生听，期末来个测验”的传统模式，这种应对高考的基础教学方法在大学课堂上显得尤为吃力。特别是一些教师照本宣科、枯燥乏味，还把点名作为要挟，更是加强了学生不愿意待在课堂上的逆反心理。

除了课程本身枯燥、教学方式单一导致高校教学质量落后之外，学生参与度低也是一个不容忽略的因素。很多教师以为提高学生参与度的方法就是让学生自己去讲，其实这是一种比较机械的互动方式。传统课堂的弊端如此显著，而慕课的出现刚好可以对此予以弥补。

（二）慕课助推混合式教学发展

很多人认为慕课就是网络视频课程，而秉持不屑一顾的态度，认为慕课无非就是把一些大学上课的视频放在网上让学生看，和学生自己去教师那里学习没有区别。然而事实并非如此，慕课不同于传统意义上的网络教育、远程教育，也不同于网络教学视频，更不是简单的灌鸡汤传销式的公开课，它是互联网思维下的教育资源共享。慕课是一种将分布于世界各地的授课者和同样分布于世界各地的成千上万的学生，通过教与学联系起来的一种大规模的虚拟教室，它使优质教育的受益范围可以无限扩大，而增加微课程和小测验，则使得整个授课形式更加生动活泼。

慕课平台下的混合式教学的主流形式是翻转课堂。具体做法如下：教师先创建视频并提出问题，学生课前自主学习视频内容，查找资料并进行自学，通过小组讨论深化理解；课堂上师生面对面交流，学生汇报学习成果，教师引导、点评和答疑解惑。翻转课堂使学生成为学习的主体。这种混合式教学特别适合《思想道德修养与法律基础》这种公共课程，学生都不喜欢点名、害怕考试，可是也不希望自己的时间浪费在无意义的照本宣科上，所以混合式教学应运而生。这一教学模式实现了三大转变：学生从被动学习变为主动学习，教师的授课模式从传授式变为探究式，学生从个别学习变为小组学习。

第三节 慕课的发展趋势

一、慕课重构“知识的形成”

慕课开放、大规模、课程透明等特点给学生提供了一种更便捷、更好的学习模式。随着课程受众范围的扩大和变化，慕课对课程内容、知识结构、知识点划分及学习安排提出了新的要求，对教师课程建设，特别是课程知识点的梳理、课程知识体系的构建提出了一系列新的要求。

（一）陈旧的传统课程体系

在传统的大学教学过程中，大学四年所有的课程体系及时间安排都是经过严密论证的，课程与课程间的传承、衔接关系非常清晰，每门课在大学课程体系中的位置非常清楚，学生不需要了解这些课程间的相互关系，只需要按部就班地按照课程安排选择即可。例如，汉语言文学专业要培养应用型人才，其课程体系的设置就必须围绕“说”和“写”两种核心能力的培养。要培养“说”的能力，就需要设置《现代汉语》《普通话》《演讲与口才》等课程；要培养“写”的能力，就需要设置《古今中外文学史》《基础写作》《应用写作》《毕业论文写作》《文艺理论》《美学》等课程，在如此多的课程中又要选择与时代、社会需求相契合的相关内容作为知识点，相互串联构建课程知识体系。

（二）慕课时代课程知识体系的新要求

首先，慕课要求教师对大学生课程体系有较深刻的认识，并根据课程体系调整课程知识结构和内容。在慕课时代，由于注册学生来源广泛，知识结构及基础差异很大，需求也不同，学生是根据自己的喜好和已具备的基础知识来选修课程。因此，对于每一门课程，慕课注册用户要想学好该课程，必须先确定选修哪些课程及上课之前必须达到的前期要求。教师必须有非常全面的认识，并让学生也清楚这些情况。随着课程学习对象的变化，教师需要根据整个大学课程体系、本课程的知识体系，对课程教学内容进行适当补充、调整和修订，形成一个相对完善、独立的知识体系，以便于更多的学生进行学习。即使由于预备知识太多，不便于吸收到课程中来，教师也要予以明确说明，使学生的学习不会过于盲目。

其次，慕课要求教师对所教课程的知识结构及知识点的关系非常清楚，对所教课程有明确的说明和描述。传统的课堂教学，一门40小时的课程，最多只需要分成20个知识模块，一次讲授一个模块即可。慕课的最大特点之一就是将整个课程的知识分解成许多个很小的知识点，每个知识点只需要5～15分钟的学习时间，同样一门40小时的课程，可分解成约200个知识点。对于一些工作比较忙、没有较大空闲时间，基础、学习接受能力相对较差，很难一下接受过多知识的学生来讲，这些较短、信息量较少的知识点更便于他们学习、理解和接受。慕课的课程要求教师对课程的教学内容、重点、难点有非常清晰的认识，能按教学要求将课程内容按其内在关系进行完美分割，还需要对每个知识点的内容、难易程度、在本课程中的重要性予以清晰的说明和描述。

最后，慕课要求教师对所教课程知识点的关系非常清楚，能给学生提供不同的学习方式。传统的课程教学是从头到尾，从书本第一页到最后一页的单线程教学模式。这种模式有助于学生建立起一种线性的、非常清楚的体系结构。但是，由于慕课所面向的学生来源广泛，基础、背景差异较大，课程教学内容和知识点对一些学生来讲可能是全新的、需要学习掌握的，而对于另一些学生，部分课程的知识点可能是他们学过、已经掌握、不需要再次浪费时间进行重复学习的。这部分学生只需要对自己没有学过、没有掌握的知识进行选修即可。在这种情况下，单线程教学模式已不能适应学生和慕课教学的要求。因此，教师应对课程的所有知识点进行分块、分组、分群，使学生能够对每个知识群进行独立学习的多线程模式就是一种更科学的方法。多线程学习模式要求教师清楚每对知识点间的相互关系，并能够根据这些关系将所有知识点分成一系列可以独立学习的知识群，最后将这些知识点的关系和知识群落进行描述、刻画出来，给学生一个直观的感受，让学生能够根据课程知识体系、群落结构和自己的基础自由选择学习模式和科学安排时间。

（三）关联慕课成为未来发展趋势

目前，几大慕课平台所提供的课程主要还是传统的课程，即以教师课堂教学为主，然后运用现代的技术方式表达出来。但是，这样的慕课已无法满足学生的需求，更加新颖的慕课正在出现。新型慕课强调的是关联主义的教育理念。网络教育与新媒体设计师和评论家斯蒂芬·唐斯将这两类分别命名为关联慕课和传统慕课。

所谓关联慕课，即遵循关联主义教学法的慕课，其不同于传统的教学特征和结构。例如，关联慕课强调聚合体，保证学习内容可以通过通信或网页让学生随时接触；强调重组性，讲究课程内部人员间分享各种学习资源；强调重新定位，梳理与重组各种不同的学习资源，以适应不同学生的个性需求；强调正向输送，将重新定位、重组过的学习资源与其他人员分享，并传递给世界上所有感兴趣的人。关联慕课最有助于合作对话与知识建构。

由此可以看到，关联慕课正在走向独立、成熟，并在努力与传统学习方法乃至大学教育融为一体。由此不难推断，传统慕课在未来网络教育中所发挥的作用将会逐渐减少，而关联慕课将会成为未来慕课的发展方向。

二、慕课重组教育管理体制

慕课的大规模开放特性极大地拓宽了课程提供者——教师和学校的影响力。教师在一门课程所面对的学生常常数以万计，这可能远远超过了教师在职期间在面授课堂上所教学生的总数。对于学校来说，教师的名字有可能传到全世界的任何一个角落，也有机会基于慕课平台在更广泛的范围内选择到更优秀的学生。对于学校或者说整个教育系统来说，慕课对整个教育体制和机制的影响才是至关重要的。

（一）高校普遍投入慕课潮流

虽然当前慕课缺乏成熟的商业模式，社会和企业的接受度和认可度也有限，但这依旧没有阻挡住世界顶尖大学投身于这种热潮当中。

这难道是国内外高校在自掘坟墓？显然不是。这些大学正是看到了以慕课为代表的在线教育对传统教育的变革。这种力量虽然不甚明朗，但却有潜在的发展性。一方面，慕课在一些国家已经得到了正规教育系统的认可；另一方面，慕课平台也正尝试覆盖高等教育的“出口”，尝试用自己的方式整合高等教育生态链，如 Coursera 就已开始提供就业匹配服务，这对于大学的冲击也是显而易见的。一旦用人单位认可了慕课的学分认证和推荐的学生，那么更多的学生就会选择参与慕课的学习，而放弃部分大学学分甚至退出现在的大学。

慕课关乎大学存亡，高校与其在未来仅仅依靠校园生活来吸引学生，不如现在就直面挑战、争取主动，推动自我的转型升级，而这正是走在慕课发展前沿的国家正在做的。

（二）慕课为教育管理带来新思路

随着慕课大潮的涌入，我国高校的现行教育体制也随之面临挑战，这种挑战主要体现在五个方面：一是以“学”为本的教学价值取向逐渐冲击以“授”为主的传统的教学模式；二是精巧的课程设计使过去照本宣科和“满堂灌”的授课方式无立足之地；三是改变现行的教学评价方式，让广大学生行使打分权；四是高校人才交流与竞争更频繁激烈，对教师职业竞争和学生就业竞争都带来极大影响；五是推动大学加快教育改革，提高教学质量。

这些新的挑战也给高校管理的很多方面提供了很多有益的思路。例如，如何更好地解决课容量限制的问题，如何为教学评价提供新的有效方法，如何通过海量数据的学习评估深入教学研究，如何更好地为用人单位推荐人才，等等。

（三）慕课将会促进中国教育体制的改革

教育部高等教育司 2014 年工作要点指出，推进精品视频公开课和精品资源共享课建设，加强建设、推广使用中国大学大规模开放在线课程（“慕课”），推动基于网上开放课程建设和共享的教育教学改革。慕课为高校的优质课程提供了很好的交流机会，国家教育部门希望各个高校能够积极利用这个平台，大力开展慕课的教学改革。各高校需要打破多年的学校校园和学校身份的障碍，以更加开放的精神办学，改变高校的教育生态系统，创新大学的管理模式，探求更为科学合理的慕课学分计算、考核评价、学分互认、证书颁发、学位授予等政策方面的研究和规章制度的设计，以满足有更多知识和技能需求的学生的愿望，提升学生的学习积极性。

（四）教育系统需要重新进行制度设计

慕课是能够满足个性化需求的在线教育形式，但如何保证在线教育学生的学籍、证书、学分乃至未来的学位，是慕课当下遇到的瓶颈。若想突破这一瓶颈，则必须要做超前的制度设计，并出台相应的政策法规。在美国，慕课能否进入高校，慕课课程是否可以计入高校学生的学分，争议都比较大。由于美国独特的高等教育体制，其做法各不相同。有的慕课课程已经进入学校课程，有些学校已经承认学生的学分，但也有学校拒绝进入和拒绝承认。在中国，就当下来说，管理制度方面的设计还处于空白阶段，学分互认也才开始摸索。从过去的一些推动来看，情形不算特别乐观。例如，在北京，曾经比较热门的高校课程互选、学分互认等问题，后来因为各种原因而放弃使用。由于慕课在世界上都还处于发展阶段，如何更好地服务于高等教育，算是世界性的难题。因此，中国在大规模发展慕课的同时，还需要进行好制度设计。

推动教育进步的力量有三个：一是教育内涵价值的提升，二是教育体制机制的创新，三是教育内外技术的进步。然而，观念的转变，特别是体制机制的变革，才是促进先进教育生产力发展的根本。因此，作为第三股力量的慕课，只有和前两者相结合，才能不断涌现并发展壮大，最终推动教育现实的改变。

中国知名高校纷纷加入慕课，表现出中国高校对于在线教育的态度，中国愿意接受在线教育这一新模式，也愿意将自己的课程放在网络平台之上。但是，对于中国高校而言，体制的转变需要教育整体的变革，在线教育的冲击并没有从根本上改变中国教育的本质，也很难改变这些。慕课现阶段还不可能取代传统的高等教育，毕竟校园生活的经历、校园文化的熏陶都是在线课程难以替代的。以慕课冲击为契机，加快大学教学、管理的根本变革，实现两者的融合才是更好的发展策略。

三、慕课冲击海外留学市场

随着互联网和全球化的发展，现代世界已经进入慕课时代。作为未来教育理念的先导者，慕课已经对传统的课堂授课模式产生了巨大冲击。通过互联网，学生足不出户就可以享受世界上最优秀的高校和教师的高质量课程，接受最前沿的科技知识和社科思想。那么，在慕课时代可以跨越时空、不用出门进行学术交流，千里迢迢的跨国访学是否还有必要？随着慕课时代的来临，留学生教育如何转变理念？这些都是值得认真思考的问题。

（一）出国留学热盛行

从改革开放开始，留学热潮便弥漫中华大地，始终“高烧不退”。据教育部统计，2000年，我国出国留学人数为3.9万，到2011年增至33.97万，增长了近8倍。2013年，我国出国留学人数已达到41.39万。时至今日，出国留学热仍然在持续升温。

虽然留学热仍在持续，但是有些问题却不能忽视。近年来，欧美留学学费在逐年攀升，以伦敦政治经济学院传媒专业普通一年制的硕士生为例，2005～2006年度学费为11958英镑（1英镑≈9.4元），2011～2012年度升至15888英镑，2012～2013年度又升至16512英镑。留学韩国一年的花费是10万元，法国公立学校3年的花费为20万元，荷兰每年要13万元，澳洲每年学费为18万元左右，而英国和美国则被认为是最贵的国家，每年的花费要超过20万元。虽然国外留学的综合前景相对好一些，但是，花费几十万元甚至上百万元到国外去留学对普通家庭来说是个很难承受的数字。

虽然留学费用很高，但是人们选择留学的热情一直未减。一方面，小留学生越来越多。有数据显示，读本科及读高中的留学生人数增长迅猛。以2013年中国赴美国留学人数为例，读研的人数为10.3万多，而读本科的人数约有9.4万，两者之间的差距逐渐缩小。高中留学生人群也开始急速膨胀，这也使得高中国际班开始在国内迅速发展起来，并有从一线城市向二三线城市蔓延的趋势，其招生数量和人数在逐年增长。另外，留学人数不断攀升的同时，学生入读国外名校的概率则有所下降，首先国外名校的申请人数不断增加，但是录取率却呈现出下降的趋势。与此同时，国外名校的录取要求不断提高，申请难度增加。中国学生的竞争力不足，从英语能力和学术能力两方面来看，都与世界名校的录取要求有一定的差距。

与此同时，出国留学的价值也引人深思。于是，留学就处于人数倍增、名校难读和价值未名这样一种令人“纠结”的现状当中。

（二）慕课为留学助力

随着慕课时代来临，出国留学也无法“独善其身”。实际上，很多准留学生对慕课给予了高度的关注，并充分利用慕课的信息之便来进行出国留学的准备。

一是通过慕课学习外语。学生在留学初期遇到的最大挑战不是生活用语应付不来，而是上课听不懂。在观看无字幕、未汉化的慕课视频的条件下，视频中教授使用的是交流时的正常语速，而不是托福听力对话中的慢速英语。他们的表达是地道的口语表述方式。一些准留学生们如果能在出国之前的学习中跟上慕课的节奏，有利于提高日后到国外理解和沟通交流的能力。

二是通过慕课挑选学校和专业。除了语言方面的提升，学生也可以通过慕课来熟悉并探索国外课堂。国外学习到底是什么样子？化学工程到底是学什么的？金融市场涉及哪些方面？国外的传播学概论和国内大学中已经学过的理论有什么不同？相关的慕课课程可以为学生选择专业提供一些参照，也会帮学生补充一些在国内未学到的知识，不得不说，慕课是一个拓展学术知识储备的好形式。虽然目前慕课在留学申请过程中无法成为加分项，但它也可以成为深入了解学校和专业的途径。

（三）在线留学成为新的热潮

随着慕课的普及，一个名为“在线留学”的新概念正在悄然兴起。在线留学，顾名思义，就是通过在线教育接受跨国课程，而不需要“亲自出国”。慕课的兴起可以说是对留学生教育的一次重大冲击，主要表现为以下三个方面。

首先，慕课减少了时空限制，省去了绝大多数经济费用。对于接受跨国教育的留学生来说，留学的成本包括以下三个方面。其一是对口学校的选择，包括师资力量、擅长领域、授课模式和文化氛围等。这个方面的不确定性非常大，因为只能选择一次，所以有很大的机会成本，如果选择错误，会直接影响整个留学生教育的质量。但是，慕课通过网上试听的方式大大降低了选择的成本。如果课程太难或者语言交流有困难，重新选择的成本不过是退出程序，重新选择其他课程。这赋予了学生更加自由和自主的学习方式。其二是交通食宿的费用，这是留学生跨国学习最大的花费之一。虽然现在交通工具越来越发达便捷，但是跨国旅行和异国生活对大部分人来说仍然是一项非常高的支出。就跨国教育来说，往往是去往更为发达的国家学习更为前沿的课程，而这样的目的国的消费水平往往高于本国的消费水平，甚至需要几年的储蓄。慕课教育却通过互联网流量省却了这种巨额花费，只需要一台计算机和互联网终端就能搞定，大大地降低了成本。其三是跨国留学难免造成原有生活方式地打断，学生要重新融入另一个国家的生活方式，在饮食习惯、人际交流和气候变化方面往往难以适应，甚至会出现身体不适应等问题。这些都是不得不考虑的因素，在慕课方式下，学生既可以习得先进的知识理念，又能避免这些不得不面对的不确定性和支出负担。

其次，慕课提供了全世界优质的教学服务，倾向以学生为主体。慕课课堂汇集了该领域的优质教学资源，对传统的教室课堂授课造成了巨大冲击。在慕课模式下，一方面，教师受到来自同行的竞争和挑战，而且是和全世界同一领域最优秀同行的竞争，实际上这是引入了一种淘汰机制，这种压力会鼓励教师改进授课内容和授课方式；另一方面，教师也会受到学生课堂提问或者不选课的影响，提高教学质量。对留学生而言，他们有了更多的选择自由，可以按照自己的需求和兴趣在不同的教师和课堂之间有所权衡取舍。传统课堂模式下，留学生往往缺乏主动权，处于一个被动上课的过程。学生从授课教师到授课内容，再到授课方式往往没有太多自主的空间，因而在上课过程中也是无精打采占多数时间。慕课模式在提高留学生自由性的同时，也对学生的自主学习参与能力提出了新的要求，有助于培养学生独立思考的能力。

最后，慕课课堂汇集世界各地的教师和同学，观念交流更为多元化。传统留学生教育中，课堂上往往是外国留学生和本国教师为主，这种交流和互动仅仅是二元化的沟通。当然，也有极少数顶级高校有可能同时汇集来自世界各地的学生于同一课堂，但并不普遍。在中国学生到外国留学的聚集地，如澳大利亚、美国和英国等许多地方，留学生日常见到和接触的往往是华人，缺乏留学异国他乡的体验，以至于很多地方被留学生戏称为“清华”，即清一色全是华人。留学生接触外国文化的最大机会是课堂，但也往往局限于授课教师的修养和个人风格等。从这一角度讲，传统的留学方式并非真正意义的留学，特别是在中国学生蜂拥而出的当下。相反，慕课课堂往往汇集了世界各地的教师和同学，这种随机性保证了课堂上观念交流更为多元和新颖。在多元化课堂上的头脑风暴往往会激发出更具创新能力的观点和思想。此外，慕课课堂让具有相同兴趣和共同目标的人结合在一起，可以增加最新和最有效信息的交流效率，甚至让这些人组成一个团队，为共同的事业目标策划并行动。慕课课堂通过整合来自世界各地的思想资源和社会资本，可以扩大慕课课堂的影响力，将观念快速转变为现实，不仅能够了解世界，还有可能改变世界。

（四）慕课时代留学生教育理念的转变

慕课的兴起对于留学生教育产生怎样的实质性影响仍然是难以定论的，但是我们所要解决的现实问题是如何将教师与网络科技有效结合，如何重新发现和概括留学生教育的意义，如何重新评价教师的价值的问题，其中最为关键的是留学生教育理念的转变。

清华大学首批慕课课程的学生已通过测试拿到学分，而在国外也有部分高校承认慕课学分。虽然通过选修慕课课程来获取学分，这在国外大学还只是很小范围内的尝试，但这依旧是一种发展可能，即日后高校有可能允许留学生待在自己的国家，借由慕课的学习来获得国外高校的学分。

如果慕课的技术和制度设计逐步完善起来，能够在提高学习效率的同时防止作弊，那么，慕课很有可能会成为大学教育体系的一部分，到时候不只是留学生在家里就能留学，整个传统大学体系都可能被改变。

四、慕课实现人人终身化学习

慕课作为奉行公开、参与、分散的课程平台，支持以网络为媒介的终身学习。它类似于一门课程，有师资、课程材料，也有开课和结课时间，但它并不是一所学校，也不仅仅是一门网络课程。调查显示，66.7%的受访者认为，慕课的意义在于帮助个人实现终身学习。

（一）终身学习成为未来发展趋势

终身学习是指社会每个成员为适应社会发展和实现个体发展的需要，贯穿于人一生的持续的学习过程。自20世纪60年代中期以来，在联合国教科文组织及其他有关国际机构的大力提倡、推广和普及下，1994年，“首届世界终身学习会议”在罗马举行，终身学习在世界范围内达成共识。终身学习已经作为一个极其重要的教育概念在全世界广泛传播开来。

21世纪以来，在知识经济蓬勃发展的时代背景下，中国从上到下对终身教育和终身学习的理念极为重视。党的十八大报告中指出“积极发展继续教育，完善终身教育体系，建设学习型社会”。习近平总书记明确指出，中国将坚定实施科教兴国战略，始终把教育摆在优先发展的战略位置，不断扩大投入，努力发展全民教育、终身教育，建设学习型社会。《国家中长期教育改革和发展规划纲要（2010～2020年）》把“基本形成学习型社会”作为我国中长期教育发展三大战略目标之一。因此，构建终身教育体系、建设学习型社会是国家的重大发展战略，是实现中华民族复兴的重要保障。

终身学习，从大的方面讲，它关乎一个国家、一个民族的前途和命运；从小的方面讲，它影响一个人的成长、进步、成功和幸福。

（二）我国构建学习型社会出现的问题与不足

虽然终身教育、终身学习的理念在近年得到了广泛的传播和拥护，但是行动上却比较缓慢。我国构建学习型社会的问题主要表现为以下几点。一是社会和各级领导对终身学习重要性、系统性的认识还需要提高。至今，人们自觉不自觉地将终身教育当作成人教育的倾向还普遍存在，学校教育系统对于推进终身教育体系建设的主动性亟待提高。二是终身教育立法滞后，政策不完善，缺少有效的激励机制。三是缺少质量评价和监控体系，终身学习的质量需要提高。四是各类学习资源不能融通、共享，大量闲置、浪费以及低水平重复建设资源的现象十分严重。五是终身学习的技术、手段和方法还比较落后。六是终身学习的理论研究有待于深化。七是缺少各级终身教育宏观管理和综合协调机构。能否解决好上述问题关系到我国能否逐步建设学习型社会。

（三）慕课为终身学习提供平台

在当今的移动互联网时代，时间和空间的隔阂都无法再成为阻止人们学习的原因。终身学习变得越来越容易和便捷，爱学习和会学习的人将能更好地进行自我培训。有了慕课，随时都能够进行学习。

对于慕课，一方面，在高等教育上可以大力推进高校慕课建设与慕课共享平台建设，实现高校优质课程资源共享及学分互认，促进高校学生跨校选课，缩小高校校际教育资源差距，提高高等教育质量，推动教育创新；另一方面，在继续教育上，可以大力促进基于慕课的继续教育发展，向民众提供优质继续教育慕课课程，让慕课成为民众学习知识和接受继续教育的主要渠道，打造灵活开放的终身教育体系，构建人人皆学、处处可学、时时能学的学习型社会。

未来慕课教育的场景或许将如李晓明所描绘的那般："刚开学时，北京大学某一门课，10 万人选修。课程结束时，通过考试的有 1 万人。其中，北京大学在校生 100 人，他们得到学分，其他 9900 人分布在世界各地，得到课程合格证书。为了在这个规模上把这门课上好，符合北京大学标准，需要的投入是 1 位主讲教师，3 位辅导教师，5 位助教。学习是免费的，通过考试获得证书者也需要付 100 元……"

第二章　创新创业教育概述

第一节　创新创业教育的核心定义

一、创新的概念

“创新”的概念涉及经济学、社会学、管理学等多个学科领域，分类众多。原意包含三个方面：第一，更新；第二，创造新的东西；第三，改变。汉语词典把“创新”的含义解释为破除旧的，确立新的。奥地利经济学家、创新理论的奠基人熊彼特认为：“创新”就是建立一种新的生产函数，也就是把一种新的生产要素和生产条件的“新组合”引入生产体系。它包括五种情况：引进新产品，引入新的生产方法，开辟新的市场，控制原材料或半成品的新来源，建立工业（企业）的新组织。企业家的职能就是要引进“新组合”，实现创新。管理学大师德鲁克在《创新与企业家精神》一书中发展了熊彼特的创新理论，他认为创新是赋予资源以新的创造财富能力的行为。

创新作为一种人类的认识、实践能力，是人类主观能动性的高级表现形式，是民族进步和国家发展的不竭动力。随着创新成为经济发展、社会进步的原动力，创新的内涵也越来越丰富。可以说，人类社会发展的历史就是一部充满了创新、创造性思维实践和创造力发挥的历史。

二、创业的概念

《辞海》将创业定义为“创立基业”，突出开端的艰难以及过程的开拓与创新意义。刘建钧认为，创业是一种创建企业的过程，或者说是创建企业的活动。他指出创业活动必然涉及创新，但创新不一定是创业活动。郁义鸿、李志能等人认为创业是一个发现和捕捉机会并由此创造出新颖的、服务或实现其潜在价值的过程。罗天虎认为创业是个人或群体为了改变现状、造福后人，努力创造和积累财富的艰苦奋斗过程。创业活动具有开拓性、自主性和功利性等基本特征。清华大学学者雷家骕认为创业是创新的特殊形态。

在理论上，当今学者并没有给创业一个普遍接受的定义。但梳理之后不难发现，创业有狭义和广义之分：狭义的创业通常指创建一个新的企业；广义的创业则指创造新事业的过程。

三、创新教育

目前，世界上关于创新教育的定义主要有两种。其一，创新教育是以培养创新的意识、精神、思维、创造能力或创新人格等创新素质以及培养创新型人才为目的的教育活动。这种定义认为它是一种理念和思想。其二，创新教育是为了使人们能够更好地开展创新教育活动，也就是凡以培养人的创新素质、增强人的创新能力为主要目的的各种教育活动都被称为创新教育。这种定义认为它是一种能力教育。

四、创业教育

创业教育由英语中的“Enterprise Education”翻译而来，是联合国教科文组织在1989年“面向21世纪教育发展趋势国际研讨会”上提出的。大会指出：创业教育从广义上讲是为了培养具有开拓性的人才。杨爱杰认为，创业教育就是指培养学生创业意识、素质和创业技能的教育活动以及教会学生适应社会生存、提高能力和自我创业的方法和途径。世界经济合作与发展组织专家柯林·博尔在《学会关心：21世纪的教育圆桌会议报告》中总结道：创业教育通过开发、提高学生创业的基本素质和能力，使学生具备从事创业实践活动必需的知识、精神、能力和心理品质，是未来的人除了学术性和职业性的“教育护照”之外应该掌握的第三本“教育护照”。郭丽君等人认为：创业教育包含三层目标：第一层是通过学习了解创业；第二层是通过学习成为具有创业品质、精神和能力的人；第三层是通过学习成为经营企业的创业家。还有部分学者认为创业教育是一种培养学生从事工商企业活动的综合能力的教育，让学生从单纯的就业求职者成为职业岗位的缔造者，即创业者。而且创业教育不仅仅是一种纯粹的、单纯以营利为目的教育活动，更是渗透于人们生活的一种思维方式和行为理念。

第二节　创新创业教育兴起的时代背景

21世纪是一个充满了创造、创新与创业的时代，知识经济占有主导地位，国家经济的发展与社会的进步越来越依赖科技创新的水平与创新创业人才的培养。随着国际经济和社会的发展，世界各国越来越重视大学生的创新创业教育。

联合国教科文组织于1989年11月在北京召开“面向21世纪教育发展趋势国际研讨会”，会上首次把创新创业教育称为“第三本教育护照”。要把创新创业教育提高到与学术性和职业性教育同等重要的地位。1998年10月，联合国教科文组织指出，“高等学校，必须将创业技能和创业精神作为高等教育的基本目标”，要使毕业生“不仅成为求职者，而且逐渐成为工作岗位的创造者”。我国1999年6月颁布的《关于深化教育改革全面推进素质教育的决定》明确提出“高等学校要重视和培养大学生的创新、实践能力以及创业精神，普遍提高大学生的人文素养和科学素质”。

2006年初，胡锦涛同志代表党中央和国务院在全国科技大会上发布了要增强自主创新能力的决定，发出了“坚持走中国特色的自主创新道路，建设创新型国家”的伟大号召。中国共产党十七大报告明确提出了“提高自主创新能力，建设创新型国家”和“促进以创业带动就业”的发展战略。教育部在《关于大力推进高等学校创新创业教育和大学生自主创业工作的意见》中明确提出，创新创业教育是一种新的教育理念与模式。《国家中长期教育改革和发展规划纲要（2010—2020年）》指出高等教育要强化实践教学环节，推进创业教育。2011年，国务院下发了《关于进一步做好普通高等学校毕业生就业工作的通知》，明确要求要落实和完善创业扶持政策，加强创业教育、创业培训和创业服务，支持高校毕业生自主创业。教育部在“2012年全国高校毕业生就业工作视频会议”上，要求继续把创新创业教育和大学生自主创业作为2012年的工作重点，并力争实现新的突破。教育部于2012年颁布了“创业基础”教学大纲，要求各高校创造条件，面向全体学生单独开设“创业基础”必修课，以创业带动就业、促进高校毕业生充分就业。

创新和创业是21世纪的时代命题。从20世纪末开始，全世界都被卷入到“创业热潮”之中。我国要实现从人口大国向人力资源大国的转变，到2020年进入创新型国家行列，首要的任务就是培养新一代的创新精神和创业技能。大学生的创新创业能力关系着一个国家的经济可持续发展和竞争力。高校不再仅仅是培养理论家、思想家的场所，更是培养具有现代经营理念的优秀创新创业型人才的场所。从国际视角看，随着创业经济的发展和全球竞争态势不断加剧，大力发展高校创新创业教育逐渐成为各国的共识。从国内视角看，高校创新创业教育成为缓解日益增大的大学毕业生就业压力，提升受过高水平教育人群的创新精神和创业意识的重要途径。

一、当今社会对创新创业人才的迫切需求

知识经济时代的到来，对人类经济社会活动的各个领域，对现有的生产方式、生活方式、思维方式等都产生着巨大的影响，它使国际的核心竞争力，越来越表现为对人力资源和智慧成果的培育、配置和调控。知识促进经济社会的发展，是以高素质的创新创业型人才为基础的。这种高素质的创新创业型人才是一种全面发展的复合型人才，是具有强烈的创新精神、实践能力和创业能力的人才。

现今，我国正处于产业结构调整最为关键的时期，经济社会在发展过程中面临着怎样加强知识和技术创新、挖掘高科技产业和实现产业化等深层次问题。与此同时，提高国民经济的综合实力，对实现国家跨越式发展提供支撑。

《国家中长期科学和技术发展规划纲要（2006—2020年）》明确提出建设创新型国家的重大战略。科技创新，人才为本；培养人才，教育为本。我国经济社会发展的现实需求决定了必须坚持把创新型人才资源作为增强自主创新能力的核心因素和提升国家竞争力的重要战略资源。世界银行专家对资源存量的研究显示，目前全世界物质资源、自然资源和人力资源的构成约为16:20:64，充分说明了人力资源是全球国民财富中最大的财富。目前，我国人才总量不足，高层次创新人才严重短缺，人才资源仅占人力资源总量的5.7%，而高层次人才仅占人才资源总量的5.5%。人力资源的素质将最终决定国家发展的质量。人才是知识和技术的载体，只有达到人才的可持续发展，才能够保持创新的持久性。

二、开展创新创业教育的政策保障

当下，我国正处于发展建设时期。政府努力将现代企业制度建立在国有企业中，并加大力度引导振兴个体、私营经济由此实现适度发展，通过建立健全社会保障制度，来达到社会主义市场经济体制的初步完善。只有更加广泛地参与到国际经济合作中去，才能够为创业者提供良好的创业机遇和广阔的发展空间。同时，随着不断出现的新型科技手段的应用和就业压力，创业教育被视作国家政策中的重要内容，并且成为高等教育面临的一项紧迫任务。

1999年1月发布的《面向21世纪教育振兴行动计划》得到了中央对于高校创新创业教育的响应。该计划强力推行“高校高新技术产业化工程”，希望以此来践行国家高新技术产业，从而创造经济增长点的新高。所以，高校应充分发挥自身的优质条件为科研项目以及各行业的结构调整搭建平台，更加圆满地完成产学合作及成果转让；加大对于高新技术产业化基地的建设力度，主推科技园区等“孵化器”，并提出“加强创新创业教育，鼓励师生自主创业”等的核心理念。

团中央与科技部于1999年5月共同发表了《关于共同实施中国青年科技创新行动的意见》，由此来进一步激发年轻人的创新精神以及创业的实践能力，对大学生的创新创业教育给予机会和支持。在2002年教育部召开的创业教育研究会议上，一共确定了九所创业教育的试点院校。

2003年10月底和2004年5月中旬，教育部高教司先后组织举办了两届“创业教育骨干教师培训班”，来自全国100多所高校的300多名教师参加了学习。而早在2003年，国家工商行政管理总局就出台了对普通高等学校毕业生从事个体经营有关收费的优惠政策，大大缓解了当年高校毕业生的就业压力。

三、就业压力急需创新创业教育

近年来，我国高等教育实现了大规模发展，从1998年到2005年，高等教育入学率从9.8%升至21%，在校大学生从854万人发展到2300万人，从而使更多的适龄青年实现了接受高等教育的愿望，国民素质得到了提高，但同时高校毕业生的就业也成了一个现实而严峻的问题。随着我国体制改革的不断深入，国有企业、政府机关和高等院校吸纳高校毕业生的能力明显不足，大学生就业形势越来越严峻。妥善处理大学生就业，不单纯是安置现成劳动力的简单工作，应是加强人力资源的优化建设、提升人口素质，将我国人力资源优势成功转化为经济社会发展优势的过程。我们这样一个劳动力大国，用创业教育培养创业型人才，为社会提供更多的就业岗位，是解决就业问题的根本出路。因此，开展创新创业教育，提高大学生的创业意识和创新能力已成为高校的一项重要任务。

第三节　创新创业教育内容及特点

一、高校创新创业教育的基本内容

（一）创新创业意识熏陶

创新创业意识是指人对创新创业活动自觉的反映，也就是对创业者行为起到促进和动力作用的个人心理倾向，包含需要、动机、意志等心理成分。创业意识是创新创业活动的根本原因。大学生创新创业意识教育属于普及化程度的教育，旨在对学生进行商业扫盲和帮助其树立目标，培养学生的创新创业意识。

（二）创新创业观念教育

创新创业观念属于思想的范畴，是对创新创业的意义、目标以及行为的理解和认识。大学生创新创业观念教育可以帮助学生确立创业观念，避免其进入误区并引导学生积极主动地去探索和思考毕业后前进的方向并为之做出努力。

我们需要帮助学生更新思想观念，避免“守株待兔”的被动就业误区，避免守业型教育与知识经济时代对人才的需求的不适应甚至出现背道而驰的现象。

（三）创新创业素质提升

一位国外物理学家曾说过：“现在的问题不是获取知识，重要的是发展思维的能力。”素质就是把所学的知识全部忘光然后留下来的东西。大学生要迈出创业的第一步，需要具备明显的素质和特点。创新创业素质包含了政治思想素质、道德素质、心理素质以及身体素质等。

政治思想素质事关创业者努力的方向；道德素质对创业成败起到重要的非技术性作用；心理素质与逆商息息相关，表现为对挫折和逆境的反应；身体素质是做好一切工作的前提和基础。

（四）创新创业精神激励

创新创业精神是创业者在创新创业活动中表现出来的勇于进取、开拓创新、艰苦奋斗、勇担责任以及团队精神等品质。美国斯坦福大学教授推孟在 30 年中追踪研究了 800 人的成长过程。发现成就最大的 20%与最小的 20%最明显差异就在于个性的不同。高成就者具有自信、进取、勇敢、坚持等特点。要培养学生成为一名成功的创业者或潜在的创业者，就要鼓励学生的开拓创新与敢为精神，引导学生学会自我发展至关重要。

（五）创新创业能力强化

创新创业能力在一定程度上可以说是创新创业精神的体现，与先天的性格、气质有关，但主要靠后天的教育和实践来获得，具有较强的综合性和创造性的心理机能。创新创业能力包含了创新创业认知能力（认知环境、自我和把握机会的能力）、专业职业能力（经营管理，科技运用，分析、解决问题，应变能力等）以及社会能力（社会交际和适应能力）等方面。

（六）创新创业知识学习

阿基米德说："给我一个支点，我就可以撬动地球。"知识就是创新创业的支点。没有或者只有单一的知识，单凭能力和热血，不是高素质的人才亦不可能成功创业。创新创业知识一般包含了政策法律方面的知识、创业所需专业知识、经营管理等商业社会知识。

如今社会比较流行的一种知识结构为"丁"型，上横代表知识的高度和广度，下竖代表知识的深度和力度。大学生应当立志做"丁"型人才，将来无论是在工作岗位还是在创业领域才能有更好的适应性和成功率。

二、创新教育和创业教育的特点

（一）创新教育的特点

1. 特异性

首先，特异性表现在学生的创新与人类总体创新。与专家学者的创新相比，有共同的一面，亦有其不同的一面。共同的一面是探新、改革，有所创造，有所前进，而不是模仿、照搬、套用。但学生与专家创新不同，尤其是一般中小学生的创新，从社会或科学发展的角度看并不算真正的发明或发现。他们的创新只是相对于自己原有的水平而言，或相对于同学群体的水平而言，确有新的开拓与前进，提出了个人独到的见解，有独特的做法、解法；其主要目的不是为了追求发现人类尚未发明发现的东西，而是为了培养创新精神、能力和人格。其次，特异性还表现在不同学段、不同年级的学生以及不同的学生个体都各有其特点，不可机械划一，强求一律，以免扼杀学生的个性和创造性。

2. 全面性

创新教育要求引导学生掌握全面的、百科全书式的基础知识，开发学生各方面的潜能，使学生在智、德、美、体、劳等方面全面发展，这是学生赖以创新的基础与源泉。要尽可能地使学生知识面宽广，以博取胜就应当鼓励学生对学科有所偏爱和擅长，也要使学生懂得不能偏科，造成某些知识领域的空白；在发展上，学生不可偏重认知，忽视兴趣、情感与意志等非智力品质的培养；在认知上，学生又不可只重思维，忽视观察、记忆、想象等能力的培养；在思维上，学生也不可只重以逻辑思维为基础的综合思维，或偏重以形象思维为基础的发散思维。创新不能只靠某个方面的素质，它要求开发人的各方面潜能，需要运用人的整体素质，将一个人的全部经验、智慧、能力、情感和意志以最佳方式组合起来，用于解决问题，才能真正有所前进、超越和创新。全面性并非强求面面俱优，而是要从学生的实际出发，使他们个性全面而自由地得到发展。

3. 探究性

创新教育离不开对问题的探究。应当看到，在教学或教育活动中，如果没有对问题的探究，就不可能有学生主动积极的参与；也不可能有学生的独立思考与相互之间思维的激烈碰撞而迸发出智慧的火花，学生的思维和能力也就得不到真正的磨炼与提高。换句话说，没有探究就不可能有创造性的学习与应用。所以探究是进行创新教育关键的一环。创新教育应当鼓励学生独立思考、积极探索，提出独到的见解、设想与独特的做法，完成富有个人特色的创造性作业，并注重让学生在探究的过程中，不仅拓宽个人的知识视野，还要形成探究的兴趣、创新性思考和学习的能力以及人格和习惯。

4. 开放性

创新教育不是狭隘的、自我封闭、自我孤立的活动，不应当局限于课堂上、束缚在教材的规范中、限制于教师的指导与布置的作业内。只有这样学生才能够开阔视野，增长知识，集思广益，重组经验，发挥出创造的潜能。若按传统做法自我封闭、自我孤立，充其量只能按教师的要求掌握书本知识，不会有学生个人在学习与实践中的创新。为了创新，教育活动还应注重生动活泼地联系学生生活的实际，联系社会生活的实际，联系当代世界社会、经济、科学技术和文化发展的实际。教师一方面要吸收有关的新信息、新知识，使教育内容反映学科的最新发展状况，并不断地使之充实与更新；另一方面要引导学生运用知识于实际，去说明、理解或解决各种具体问题，使学生从中获得丰富而实用的新知。学生学习上的开放，对创新更为关键，教师应当引导和鼓励学生突破课堂教学的局限，使学生根据自己的兴趣，通过课外阅读、参与课外活动来扩充知识，扩大视野。

5. 民主性

创新要求有民主的环境与氛围。学生感到宽松、融洽、愉快、自由、坦然，没有任何形式的压抑与强制，才能自由与自主地思考、探究，提出理论的假设，发表自己的见解，大胆果断而自主地决策和实践，才有可能创新与超越。如果没有民主，学生感到有压力，时时处处小心翼翼。一味看教师或领导的眼色行事，个人的聪明才智与激情不能够发挥出来，也就不会有创新。因此，民主性是创新教育不可或缺的内在的特性。

6. 超越性

创新教育本质上是引导和激励学生不断超越与前进的教育。它包括超越遭遇的困难、障碍去获取新知；超越令人不满的现状去改造世界，建设新的生活环境；超越现实的自我状态，使自己的能力和修养得到提高。如果教师在教学与教育中只能平庸地按常规、按教材、按惯例行事，不能正确地引导学生对种种困难、障碍、现状，进行探究、突破，实现超越，就不可能有进步与创新。要实现超越，不仅要不满足于客观现状，敢于改造客观世界，更重要的是要不满足于自我，是要完善自己的修养，提高自己的能力。要重视内因，重视内在的动力，促进学生自我认识、自我要求、自我教育以及自我修养，使之自觉地树立理想的奋斗目标，超越现实自我，实现理想自我。

总之，创新是一个民族的灵魂，是一个国家兴旺发达的不竭动力，我们应在培育民族创新精神和培养创新性人才方面，肩负起历史的使命，实现中华民族的伟大复兴。

（二）创业教育的特点

1. 创新性

我国高校的创新教育是时代的产物，是在新的经济环境、就业环境和国际人才竞争加剧的形势下产生并发展起来的，它的教育内容和教育方式、研究领域都需要探索和创新。同时，也为高等教育改革和人才培养模式改革提出了新的课题，增添了新的研究内容。对这一新领域的探索和研究也需要思想创新、内容创新、理论创新和方法创新。

2. 教育性

创业教育的目的虽然是教育学生在多变的环境中开创和成就未来的事业，带有很强的社会性、实践性特点，但它仍然需要通过改革教育加以促成，要通过一定的课时、一定方式的教育和培训，学习一定的课程内容、理论知识，从而达到一定的教育目的。

3. 科学性

创业教育要按照教育科学规律，遵循教育科学的方法和步骤，采用科学、有效的教育手段，循序渐进地教给学生科学的创业理论和方法。学生要以科学地、理智的精神状态进行创业活动，避免和克服创业的盲目性，减少创业的风险性。

4. 实践性

创业教育不能仅仅停留在传授理论知识的层面上，在进行理论教学的同时，必须与创业的实践活动相结合，通过一定方式的实践环节使学生逐步积累实践经验，因为创业教育的最终目的还是要落实到创新与发展未来事业的实践上。因此，在加强理论教学的同时，教师应安排相应的实践教学，并强调它的实践性、应用性，着重培养和提高学生实际运作能力。创业实践是为了实现创业教育目标，在教师指导下有计划、有目的地开展的以学生自我教育、自主训练为主体的教育活动。它以社会实践为纽带，为实践者提供培养开创个性、表现创业素质和行为的机会和社会舞台。

5. 社会性

创业教育不仅仅是大学校园内的教学与活动，它与校园之外的诸多社会因素密切相关。一方面，创业教育受社会环境多种因素的影响。比如，它受政府有关法规、政策的约束和引导，受社会经济、科技发展和产业结构调整的影响；它也需要企业和其他社会有关方面的支持和帮助。另一方面，创业教育也具有重要的社会意义。例如，它可以促进创新和科技产品的商品化，创造更多的就业机会，减轻社会就业压力，同时，它还能够促进经济快速增长，并为社会带来更多的利益和希望。

总之，创业教育是在新的经济、科技、社会、就业环境下产生和发展起来的，它反映了现代社会经济多变与竞争加剧对高等教育提出的新的要求，是实施人才强国战略的需要。创业教育建立在专业教育基础上，不同于其他类型的教育，又高于其他类型的教育，是人们实现人生理想的最高层次的教育。因此，创业教育有着鲜明的时代特点。

第四节　高校开展创新创业教育的必要性与可行性

一、高校开展创业教育的必要性

当今世界，科学技术突飞猛进，知识经济快速发展，在日趋激烈的综合国力竞争中教育的作用越来越重要。教育必须面向世界、面向未来、面向现代化。创业教育就是在世界经济高度发展，而劳动力面临就业、再就业压力的背景下，提倡和发展的一种教育模式。为迎接21世纪的挑战，创业教育提出建立新的教育哲学观念，并对未来人才素质的培养提出了新的要求，为教育理论研究和改革实践开辟了一个新的天地。尤其在我国加入世界贸易组织，融入经济全球化进程后，党中央提出要倡导和发挥新时期的创业精神的新形势下，研究并实施创业教育更有其现实的和深远的意义。可以说，高等院校实施创业教育是时代发展的必然趋势。

（一）创业教育是缓解高校人才供求矛盾的现实需要

我国大学毕业生就业压力的增大，是创业教育兴起的直接原因。在计划经济时代，我国高等教育实行的是“精英教育”，每年全国高校仅有5%～6%的入学率。作为“天之骄子”“社会精英”的大学生，可以得到国家和社会的特殊待遇。每一位大学毕业生都是绝对的“国家干部”，没有失业、待业之虞，工作岗位、工资待遇均由国家安排，衣食住行也均由国家“承包”下来。

伴随着知识经济时代的来临，我国高等教育由精英教育向大众化教育转变，大学生就业压力不断增加。从1999年起，全国高校实行扩招，大学生的人数猛增，毕业人数也在不断增加，就业压力持续上升，毕业生失去了作为高层次人才的市场优势。面对改革中逐渐显现出来的部分毕业生就业难的问题，教育部门采取的措施仅限于合并专业、拓宽学生专业基础、增强毕业生的社会适应性、毕业前进行一些就业指导等方面。如果说过去这些措施还起了一定作用的话，那么对于未来毕业生的就业难题的解决，可以说潜力已基本挖尽，因为这些措施仅有助于缓解结构矛盾，而无助于解决供需矛盾。从我国劳动力市场的需求来看，国家机关和事业单位因为减员或转制难以再大量接收大学毕业生，可以预见，未来高校毕业生的就业压力将持续增大。

我们应清醒地认识到，具体由扩大内需引发的持续扩招向高校提出了转型的要求。除了由应试教育向综合素质教育转变，高校还必须由过去那种满足长、中、短期指令性经济计划需要转向满足学生在市场经济中获取谋生能力的需要，由被动就业和受雇的教育转向创业教育。通过这种转变，使掌握了现代科学文化知识的高校毕业生成为能够通过自己的创业活动为社会提供更多就业岗位的人，而不是坐等国家和社会提供就业岗位的人。

对学生进行创业教育，转变学生的择业观，将是解决教育事业发展和毕业生就业难这一矛盾的重要举措。“授之以鱼，仅饱其一餐；授之以渔，可安其一生。”实施创业教育以培养大学生的创业能力，是畅通高校“出口”，缓解高校人才供求矛盾的基本思路。

（二）创业教育是发展社会主义市场经济的内在需要

一种教育思想的提出，特别是关于人才培养的目标和模式的确立，总是表现为教育对社会与变革的回应与选择。

在计划经济时代，由于社会组织管理的高度集权化，社会生产交换与分配过程按行政部门的指令性安排进行，人们的社会职业、角色以及社会对某一社会成员的知识结构、工作技能的要求往往是单一、固定的。与之相适应，高等教育在办学思想和人才培养目标上，强调人才的专业性和技术性。从中华人民共和国成立直到改革开放后的20世纪80年代的约40

年的历史中，高等教育基本上是要把人培养成为计划经济大机器中的一个“不生锈”的螺丝钉。所以，对人的要求总是从“将来毕业后怎么样才好用”这一点出发。计划经济体制下，人才是“一个萝卜一个坑”地按照计划需要来培养的，非常强调“专业对口”，所以，学校教育也是尽可能地把对专业有用的知识教给学生。

21 世纪是我国社会主义市场经济逐步完善的历史时期。在市场经济时代，这种教育模式受到了强烈的挑战。我国正在建立的社会主义市场经济具有开放性、自主性、竞争性、创新性、法制性等特点。为适应这些特点，要求教育培养的人才具有宽广的视野，善于捕捉信息；有果断的决策能力，敢想敢干，勇于创新；有经济头脑，注重经济效益，讲究工作效率；有较强的法制观念，善于社会交往，能正确处理人际关系。这些素质的培养，正是创业教育的着力点所在。随着市场经济的发展，城乡产业结构必将根据市场的变化不断进行调整，从而带来劳动力的转移和职业岗位的转换，这就要求未来的劳动力不能仅仅是生产环节中某个单一工种的单一操作者，还应该能够参与新产品的开发和创造，能够参与新技术、新工艺的实施，并进入计划、管理、服务等环节。这些都要求未来的劳动者具有从业和创业的双重能力，具备多方位的职业转换能力和自主创业能力。社会主义市场经济的发展，还将使我国逐步与国际市场接轨，参与国际市场竞争，这就更需要有一批视野开阔、知识广博、具有开拓创新精神的创业者。这类人才的培养，在传统的教育体制和教育模式下很难完成，必须依靠创业教育这一新型的教育体系来实现。创业教育的提出，正是适应了社会主义市场经济对人才培养方面的诸多需求。

（三）创业教育是知识经济时代的客观要求

实施创业教育，不仅是解决学生就业困难的权宜之计，更应当成为教育适应经济社会发展需要的长远任务。这是高等教育适应知识经济发展的需要。

知识经济是以现代高科技为主导的经济，其本质是创新。21 世纪新的经济发展将出现在高科技行业，高科技的发展必然会提高生产效率和降低产品成本。由于科学化、现代化、机械化程度的不断提高，所需要的劳动力的质量也随之越来越高，而数量却越来越少，致使社会就业等问题日益突出。解决社会就业矛盾最根本的出路在于创业，只有创造出新的、更多的产业和工种，才能提供更多的就业机会。为适应经济发展的这些特点，迫切需要掌握了现代化科学技术、富有冒险和创新精神的年轻大学生来担负起创业的历史重任。作为知识生产重要源头的高等学校如何面对知识经济而重构自身是值得深入研究的。

二、高校开展创业教育的可行性

新经济时代的到来，经济全球化及社会需求的日益多样化，为创业教育的开展提供了广阔的空间。党的十六大全面建设小康社会的战略目标为创业教育的实施指明了方向，改革开放以来中国的四次创业大潮为创业教育的开展提供了市场条件，国外创业教育的成功经验为我国创业教育的实施提供了借鉴模式，而我国大学生创业的迫切要求，对创业知识的渴求把高校创业教育推上了日程。

（一）党的十六大全面建设小康社会的战略目标是实施创业教育的政治条件

在知识经济时代，在全球化浪潮之下，在我国加入世界贸易组织之后，如何培养出适应时代要求的高素质大学生已成为我国高等教育目前要解决的紧迫课题。党的十六大报告提出的“全面建设小康社会”的战略目标为我国高等教育改革指明了方向。

党的十六大关于非公有制经济地位做了如下的阐述：“必须毫不动摇地鼓励、支持和引导非公有制经济发展。个体、私营等各种形式的非公有制经济是社会主义市场经济的重要组成部分，对充分调动社会各方面的积极性、加快生产力发展具有重要作用。”“充分发挥个体、私营等非公有制经济在促进经济增长、扩大就业和活跃市场等方面的重要作用。”从这两段阐述可以看出，我国非国有经济的中小企业将有一个更大的发展，将逐步成为我国国民经济的一个新的经济增长点，其发展空间和潜力非常大。这就给高等教育提出了新的任务，不仅要为已有的岗位和国有经济培养人才，还要为非国有经济的中小企业培养人才。也就是说，通过高等教育培养出来的学生不仅是求职者，还应该成为就业岗位的创造者和成功的中小企业家。

党的十六大还指出：“就业是民生之本。扩大就业是我国当前和今后长时期重大而艰巨的任务。国家实行促进就业的长期战略和政策。各级党委和政府必须把改善创业环境和增加就业岗位作为重要职责。”“引导全社会转变就业观念，推行灵活多样的就业形式，鼓励自谋职业和自主创业。”中国共产党在21世纪初期的中心任务之一是扩大就业，提高全国人民的生活水平和生活质量，带领人民步入小康。作为改革发展中的高等教育，在确定其教育方向、贯彻教育思想、实施教育内涵、达到教育目标的过程中，应以党的十六大精神为指导，培养创业人才。

这些论述是新世纪高校实施创业教育的重要指导思想，为我们实施创业教育，使教育更好地同社会实践相结合提供了重要的思想基础。

（二）改革开放以来的中国创业大潮为我国创业教育的开展提供了市场条件

改革开放以来，中国经历了五次创业大潮。

第一次创业高潮是在第十二届三中全会以后。1984 年召开的第十二届三中全会通过了《关于城市经济体制改革的决定》，明确指出，社会主义经济是公有制基础上的有计划的商品经济，商品经济是社会主义经济发展不可逾越的阶段。从而掀起了中国第一次创业高潮。这次创业高潮的特点是：创业人员除了早期创业的个体户，还加入了大批敢为人先的知识分子，所创办的是现代意义的企业，创业者所从事的主要是第三产业、科技产业等。

第二次创业高潮是在第七届全国人民代表大会以后。1988 年 4 月，第七届全国人民代表大会通过的宪法修正案增加了“国家允许私营经济在法律规定的范围内存在和发展”的内容。同时，第七届全国人民代表大会第一次会议通过了设立海南经济特区的决定。由此，中国掀起了第二次创业高潮。这次创业高潮的一个显著特点是，创业人员中加入了不少政府官员和高干子弟。另一个特点是，创业经商人数大增，形成了“全民经商”之势。

第三次创业高潮是在邓小平南行以后。1992 年，邓小平同志南行后提出了“三个有利于”的判断标准，解决了姓“资”姓“社”的问题，大大地解放了人们的思想，中国第三次创业高潮随之而来。这一时期创业的特点是：从创业人员来看，政府机关“下海人员”猛增，以创业实现再就业的下岗人员有所增加，创业者从业的范围涉及金融、房地产、教育产业等。

第四次创业高潮是在党的十五大召开以后。1997 年 9 月，党的十五大召开。党的十五大明确把非公有制经济确立为社会主义市场经济的重要组成部分，并写入宪法。宪法明确了“国家保护个体经济、私营经济的合法权利和利益”，这就为自主创业提供了政治依据。在这之后，1999 年 12 月第九届全国人民代表大会第一次会议又通过了《中华人民共和国个人独资法》，取消了开办企业注册资金的规定，意味着一元钱也可以注册企业。中国出现了第四次创业高潮。

第五次创业高潮是在党的十六大召开以后。《全面建设小康社会，开创中国特色社会主义事业新局面》中明确指出：“要形成与社会主义初级阶段基本经济制度相适应的思想观念和创业机制，营造鼓励人们干事业、支持人们干成事业的社会氛围，放手让一切劳动、知识、技术、管理和资本的活力竞相迸发，让一切创造社会财富的源泉充分涌流，以造福于人民；深化科技和教育体制改革，加强科技教育同经济的结合，完善科技服务体系，加速科技成果向现实生产力转化。推进国家创新体系建设。发挥风险投资的作用，形成促进科技创新和创业的资本运作和人才汇集机制；引导全社会转变就业观念，推行灵活多样的就业形式，鼓励自谋职业和自主创业；对为祖国富强贡献力量的社会各阶层人们都要团结，对他们的创业精神都要鼓励，对他们的合法权益都要保护。”党的十六大召开之后，中国的创业环境进一步改善，主要表现在以下几个方面：

一是保护创业的制度进一步完善。2003 年 11 月，中共中央向全国人大提出的宪法修改草案中，把保护公民的合法财产写入宪法，并明确指出，公民的合法的私有财产不受侵犯。这使得私人财产更加安全，民间资本更具活力，形成鼓励人们干事业、支持人们创业的社会氛围，让一切劳动、知识、资本的活力竞相迸发，让一切创造社会财富的源泉充分涌出，形成一个创业的机制，建设一个创业型的社会。

二是创业的行政环境进一步完善。经济全球化的发展推动了人才、资本等生产要素在世界范围内的流动，人才、资本只会向环境优良、投资回报高的地区流动。当前，各地争夺外资、争夺投资的竞争正在转向争夺人才、营造最优的投资环境和创业环境的竞争，“政府创造环境，企业创造财富”正逐步成为社会的共识。

三是创业的融资环境进一步改善。中小企业、高科技创新企业是中国经济发展中最为活跃的因素，但融资问题一直制约着这类企业的发展。党的十六届三中全会的决议中明确提出，要大力发展资本市场，建立多层次的资本市场体系，这将为充满创新活力的市场群体提供有力的金融支持。此外，由于世界极为看好中国的经济前景，美国、欧洲各国、新加坡等国家的资本市场都非常欢迎中国的企业融资。

四是企业孵化器的迅速发展，现已成为一个重要的行业。目前，全国各地的创业服务中心、大学科技园、留学人员创业园、软件企业孵化器、行业孵化器等各种类型的企业孵化器快速发展，并形成了比较完善的企业孵化网络。孵化器的大力发展，为知识和资本的充分融合提供了平台。

五是创新创业的新文化正在形成。随着我国创业活动的蓬勃发展以及海外先进创业文化的传播，新型的创业文化正在形成。这种新文化的突出特点是：鼓励技术创新、制度创新和文化创新；敢于冒险、开拓进取、积极向上；敢于面对失败，宽容失败；讲究团队精神；观念开放、敢于参与全球竞争并在全球范围内整合资源；科学精神与商业精神相融合等。创业文化的建设培育了人们新的价值观，进而推动创业活动的发展和新一轮创业时代的来临。

总结中国五次创业大潮的特点主要表现为：第一，从地域来看，由于受开放程度的影响，创业的发展表现了极大的不平衡性；第二，从人员来看，由于受传统观念的影响，创业的动机带有较大的自发性和被动性；第三，从创业领域来看，由于受自身条件的影响，中国的创业者多是从事第三产业和商业活动，具有较强的信赖性；第四，从创业的模式上看，由于受传统文化的影响，创业的组织形式带有强烈的感情色彩，创业者在创业之初，往往自觉不自觉地以感情为纽带筹措资金来成立企业或开展经营活动；第五，从创业过程看，由于受社会环境影响，中国人的创业机会成本总是大于经营成本，具有很强的投机性。

通过对中国创业特点的分析，可以看出中国的创业还未发展成熟，人们的创业活动还未从自发创业走向自觉创业。要改变这种状况，使创业者从观念到素质上得到普遍提高，就需要进行创业教育。我国庞大的创业群体必将为创业教育提供一个广阔的市场。

第三章　创业与创业时代环境

第一节　创业的本质

“创业”是开展创业研究的核心范畴，也是从哲学角度分析创业相关问题的逻辑起点。然而，究竟如何理解和界定“创业”，人们的看法至今仍不一致。从哲学角度来说，这既是必然的又是正常的，不同类型的创业所展示的是创业的某一侧面或某一层次，它们总是从特定的视角去观察创业，自然很难取得统一的认识。但是对于从哲学角度研究创业来说，这种认识上的不一致便首先成为需要解决的问题。在众说纷纭的各种“创业”概念中科学地总结出“创业”的一般概念，以确立自己的逻辑起点。

一、“创业”是一个历史演变着的多义范畴

创业作为人类的一种自主活动，是随着社会进步和人的发展而变化的。反映到语言中，“创业”一词不仅有着广义和狭义之分，同时还经历了从古义到今义的演化。在古代，由于自然经济的分工和社会协作比较简单，创业一词有时甚至不用于经济活动而用于政治活动。诸葛亮在《前出师表》中所讲“先帝创业未半，而中道崩殂”，指的是创帝王之业；这种观点后世也有沿用。

“创业”一词被人们主要作为甚至专门当作经济管理领域的概念来使用，是从近代开始的。在近代，随着资本主义商品生产的出现和发展，社会分工日趋细密，人类在经济领域的活动越来越被重视；特别是现代，企业与企业、地区与地区、国家与国家之间的竞争主要不取决于资源、人力的多寡而取决于科技、经济发展水平的高低，在人们的认识领域中，“创业”一词的外延和内涵逐渐发生了历史性转变，逐渐演化为我们今天看到的多种创业概念。

“创业”一词由“创”和“业”组成，所谓“创”就是创造，即创建、创立、创新之意，《辞海》的解释是“创立基业”。《孟子·梁惠王下》有：“君子创业垂统，为可继也。”这里所谓的“创业”是广义上的创业，是指“事业的基础、根基”，既可以是古代的“帝王之业”“霸王之业”，又可以是百姓家业、家产和个人事业。关于“业”字，其含义也有很多，《现代汉语成语辞典》对“业”有如下解释：学业；业务、工作；专业、就业、转业、事业；财产、家业、企业等。可见“业”的内涵极为丰富。同样，“创业”的内涵也极其丰富，有性质、类别、范围和过程、阶段等方面的区别与差异。

在现代社会中，“创业”被普遍用于描述开创某种事业的活动，与保持前人已有成就和业绩的“守业”是相对的。改革开放以来，创业也就指一切个人或团队创立自己的产业的活

动，如开店、办厂、创办公司、投资生意等生产经营活动。在高等教育中表述的“创业”主要是指：以所学知识为基础，以技术、工艺、产品、服务的创新成果为支柱，以风险投资基金为依托，开创性地提供有广阔前景的新技术、新工艺、新产品、新服务，直至发展出新的高新技术企业甚至新产业部门的一系列活动。

从“创业”这个概念在汉语使用中所表达的意思分析，创业一般强调三层含义：①强调创业开端的艰辛和困难；②突出创业过程的开拓和创新意义；③侧重于在前人的基础上有新的成就和贡献。而对“业”的范围没有什么限制，主要体现一个新的结果。因此，创业既是一个过程，又是一个主体通过主观努力而取得的新的结果。

理论研究对“创业”有很多表述，国内外具有代表性的主要有以下几种。

①李志能等人认为：“创业是一个发现和捕捉机会并由此创造出新的产品或服务以及实现其潜在价值的过程。”

②刘常勇认为：“创业是一种无中生有的历程，是创业者依据自己的想法及努力工作来开创一个新企业，包括新公司的创立、组织中新单位的成立以及提供新产品或者新服务，以实现创业者的理想。”

③宋克勤认为：“创业是创业者通过发现和识别商业机会，组织各种资源提供产品和服务，以创造价值的过程。创业包括创业者、商业机会和资源等要素。”

④雷家骕等人认为：“创业的目的就是为了实现商业利润。创业是发现、创造和利用商业机会，组合生产要素，创立自己的事业，以获得商业成功的过程或活动。”

⑤刘建钧认为：“创业是一种创建企业的过程，或者说是创建企业的活动”，创业需要一个创业的实体，这个实体通常就是企业。他强调了创新与创业的区别，指出创业活动必然涉及创新，但创新并不一定是创业活动。

⑥罗天虎主编的《创业学教程》将创业定义为“社会上的个人或群体为了改变现状、造福后人，依靠自己的力量创造财富的艰苦奋斗过程”。创业就是一个创造和积累财富的过程，创业活动具有开拓性、自主性和功利性等基本特征。

⑦由美国巴布森学院和英国伦敦商学院联合发起，加拿大、法国、德国、意大利、日本、丹麦、芬兰、以色列等国家的研究者应邀参加的“全球创业监测”项目，把创业定义为“依靠个人、团队或一个现有企业来建立一个新企业的过程，如自我创业、一个新业务组织的成立或一个现有企业的扩张”。

⑧杰弗里·蒂蒙斯认为："创业是一种思考、推理和行为方式，这种行为方式是机会驱动、注重方法和与领导平衡。创业导致价值的产生、增加、实现和更新，不只是为所有者，也是为所有的参与者和利益相关者。"

⑨霍华德·斯蒂文森认为"创业是一个人，不管是独立的还是在一个组织内部追踪和捕获机会的过程，这一过程与其当时控制的资源无关"，并进一步指出有三个方面对于创业是特别重要的，即察觉机会、追逐机会的愿望以及获得成功的信心和可能性。

这些定义都描述了创业的一个或几个侧面，如强调了识别机会的能力，正确地预测下一个不完全市场和不均衡现象在何处发生的套利行为与能力。西方有影响和有代表性的创业定义主要立足于四个方面，即创业家个性与心理特质、识别机会的能力、获取机会、创建新组织与开展新业务的活动，其中有两个方面涉及创业机会。

创业是人类基本的生存方式，是一切财富的源泉，是促进国家昌盛、社会繁荣、人民富有的必然手段。人类的历史就是创业的历史，社会文明与物质文明无不是创业者劳动和智慧的结晶。

从范围上讲，创业有广义、狭义之分。广义上的创业，泛指人类一切带有开拓意义的社会变革活动。因此，从广义上说，一切有益于国家、社会、人民利益的活动，都可以称之为创业。广义创业涉及的领域非常广阔，无论政治、经济，还是军事、文化艺术事业，只要人们从事的是前无古人的事业，都可称之为创业。前文提到的刘备创帝业，热心公益事业的人建立公益性组织、扶贫组织和志愿者组织，创立扶贫公益事业，都属于广义的创业。而从狭义上讲，创业就是社会上的个人或群体自己开展的以创造财富为目标的社会活动，开创属于自己的经济组织，获得经济上的收益。这种活动对于整个人类来讲，也许是有许多前人的经验的，但对创业者本身来说，则是从未经历过的、从头开始的事业。在当今改革开放的背景下，一系列白手起家开拓出新局面的企业领导者所做的工作都是狭义上的创业活动。根据上述分析，我们可以给创业下一个明确的定义：创业是指社会上的个人或群体、为了改变现状、造福后人，依靠自己的力量创造财富或开拓新局面的艰苦奋斗过程。

二、创业是人类一种特殊的实践活动

与当下社会对创业认识上存在的巨大分歧不同，从哲学角度对创业所作的定义较为统一，都认为创业是人类社会特有的某种"活动"。至于究竟是什么性质的活动，创业这类活动同人类其他活动有何区别及联系，人们的看法又不一致。大概可以归纳为以下三类：一是将创业看成一种可观察、可量化的组织商业活动，认为创业就是组织调配资源、指挥控制作业人员的感性活动。这种观点将决策等思维活动排除在创业活动之外，认为创业虽然离不开决策、政策、计划等思维形式，但它们本身不属于创业。二是认为创业既包括创业的感性活动，又包括指导创业实践的理性思维活动，主张创业是一种“社会活动”。三是认为创业是一种特殊的社会实践，而且是社会实践的一种基本形式。

对于创业的这三种看法，第一种显然是片面的，因为创业既不是无思想的纯感性活动，又不是无行动的纯理性活动，而应当是感性和理性、行为和思想的统一。任何一个完整的创业过程，都必须经历由预测、决策、计划到组织、指挥、调控这样一个阶段，缺少其中任何一个都不能完成创业。

第二种观点较为全面，认为创业既包括创业者的一系列主观认识活动，又包括组织、指挥、调控创业活动对象的现实活动或实践活动。不过这种观点却忽视了一个重要的内容，即创业这种“社会活动”中的两类活动，究竟有无主从之分？或者说，究竟是创业的实践活动决定创业的理性活动还是创业的理性活动决定创业的实践活动？因此，第二种观点虽全面但欠深刻，没有明确揭示创业的本质。而回避创业本质的“全面”只能是肤浅的“全面”，它无助于人们从哲学高度去认识创业。

由此可见，第三种观点较为合理，认为创业在本质上是一种特殊的社会实践活动。至于为什么要把创业的本质归结为一种特殊的社会实践，可从以下四个方面加以阐述。

第一，创业是人类的一种目的性活动，而不同于动物的本能活动和人类的无意识活动。众所周知，动物也在活动，但动物的活动主要是由遗传获得的本能活动，缺乏明确自觉的意识作为指导。某些高等哺乳动物虽然开始具有人类意识的萌芽，其行为也有某种高于其他动物的目的指向性，但这终究是一种本能行为，它始终无法意识到其行为的意义。人类既有同动物相似相通的本能活动，又有与之完全不同的目的性活动。人类作为一个有生命的自然存在物，先天性具有求生存、求安全的生物本能，这类活动是由先天遗传获得的无意识行为。而人之所以为人，人高于一切动物的地方，就在于人还有另一类活动：即由各类意识支配着的目的性活动，创业便是其中之一。在人类早期的创业活动中，就包含创业者明确的目的性和计划性。随着创业活动的发展，创业的目的越来越复杂、计划越来越周密，以致发展到今天，创业决策和计划已成为创业过程中的一项重要工作，成为创业活动成败的关键环节。可见，创业活动是人类的一种目的性活动，目的性是人类活动的第一重本质属性。

第二，创业是一种自觉的自组织活动，它按照自觉的目的和复杂的方式将参与的创业者高度组织起来。根据系统论的观点，任何系统都是自组织。系统各要素之所以能按照一定的结构方式组成有序的系统组织，都有其内在的组合机制。从简单的原子到复杂的生命，各类自然物无不自成系统，也无不具有自身特有的组织功能和组织机制，否则，自然界便将处在永无秩序的混沌离散状态。人类社会作为由众多的人和不同的物组成的最复杂的特殊物质体系，同样是一个自组织体系；不过，它同自然物质系统存在着明显的区别。自然系统是由物理的、化学的以及生物的各种组织机制来发挥其组织功能的，其组织过程是一个自然过程。人类社会领域中很多经济和社会活动都不可能自然地组织起来，而必须借助于自身特有的组织机制，这其中重要的形式之一就是创业。马克思主义哲学认为，从动物到人类经历了十分漫长的历史进程，劳动最终将人从动物中提升出来。而严格意义上的劳动并不是原始个体分散的觅食活动，而是将个体有序组织起来的社会组织活动。可见，创业活动不仅以其明确自觉的目的性与动物的本能活动区别开来，还以其自觉的组织性与自然系统自发的组织性区别开来。

第三，创业是人类实现目的的对象化活动，是主观见之于客观的实践活动。人类有目的的活动可以划分为两类：一类是客观见之于主观的认识活动，另一类是主观见之于客观的实践活动。前者即主体对客体的反映，其进程由外到内、由客观到主观，目的在于认识客观世界；后者即主体对客体的能动改造，其进程刚好相反，表现为从内到外、由我及物，目的在于将主体自身的需要、意志、追求加以实现。显然，人类对这两类活动都有明确的目的计划，但两者的目的指向却刚好相反。黑格尔将后一类活动看成绝对理念的对象化（或物化、或异化、或外化）过程，马克思则将其看成人类实现自由自觉本质的实践活动。毫无疑问，创业作为有明确目的指向的人类自组织活动，离不开诸如预测、目标、决策、计划等思维形式，而且在整个创业过程中，无论是组织（企业和社会组织）的创建，还是组织在具体活动中的控制、协调、激励、引导诸环节，无不渗透着创业者的意向、偏好和创业组织成员的情绪、追求。

第四，创业是一种特殊的实践活动。在通常意义上，实践被定义为人类改造客观世界的现实活动，其基本特征是“改造”或“对象化”，即按人的目的需要去变革、改变已有的对象和秩序，创建能满足人的需要的新对象和新秩序。创业则有所不同，它是一种特殊的实践活动，与通常所说的实践活动存在着两点区别：其一，两类实践的对象性客体不同。一般实践是以外部客观世界为其作用对象，实践者直接面对的是自然和社会环境；创业作为计划、组织、控制各类实践活动的特殊实践，创业者直接面对的不仅是外部自然界和创业组织以外的社会环境，还包括参与各类实践活动的人和组织，是以各类实践活动作为其作用对象得。其二，两类实践的主体不同。一般实践的主体是指直接参与改造自然和变革社会的多数人，包括从事生产实践的工人、农民、工程技术人员，从事科学实践的科研人员和从事各类具体社会实践的人（如普通士兵、警察、政府各级各类事务员等）以及直接配合这些实践活动的辅助人员（如物资储运人员、信息传输人员、资金保管人员等）。而创业实践的主体则指规划指导各类实践活动和组织指挥各类实践主体的少数人，即创业者。当然，这两类不同实践主体的划分只具有相对的意义，因为在现实生活中有的人兼有双重身份。但是两者之间的区别又是明显的，在任何时候和任何地方，创业实践的主体总是指直接从事各类创业活动的少数人而不是直接参与其他实践活动的多数人。如果看不到两者的这种区别，就忽略了社会分工，就会无法理解创业何以是一种特殊的实践活动。

综上所述，我们不难看出，创业不是人类无目的的本能活动，而是有目的、有计划的自觉活动；本质上不是有目的的人类认识活动，而是根据已有认识实现目的的实践活动；不是直接改造客观世界的一般实践活动，而是有计划、组织、指导、控制一般实践活动去实现创业目标的特殊实践活动；不是局限于一时一地的实践活动，而是人类社会无时不有、无处不在的基本实践活动。因此，如果用以上内容来概括创业，我们可以说，创业就是创业者为达到一定目标而对某类实践活动进行的有组织的行为过程或特殊实践活动。

三、创业的基本特征

创业既然在本质上不能归结为某种思想而只能归结为实践，这就说明其具有实践的一般特征；既然它是一种以其他各类实践为对象的特殊实践，又蕴含着一系列区别于其他实践的具体特性。

首先，创业作为一种实践，无疑具有各类实践共有的客观性。这是因为：第一，无论何种创业，都是由创业主体有目的地作用于创业客体的活动。无论是创业主体——人，还是创业客体——人、财、物、时间、空间、信息，都是不以个人意志为转移的客观存在。这说明创业的两大基本要素是客观的。第二，创业活动虽然是人们有目的的、受创业者思想控制的活动，但本质上不能归结为思维活动，而应归结为实践活动。创业过程不是一个从客观到主观的内化认识过程，而是一个从主观到客观的物化实践过程。任何创业及其环节虽然体现了创业者的目的、意志、思想、情感，但科学有效的创业结果总是受客观规律的制约和创业实践的决定。因此，创业过程从根本上看不是创业者主观随意的纯思维过程，而是创业者通过各种创业中介实现主观的行为发生过程。第三，任何创业活动最终都会形成某种结果，产生一定的创业效应。这种创业效应可能与人们期望、预料的相符或不符，不同的人对此必将做出不尽相同或者完全相反的评价。这说明创业效果具有主观差异的一面。但是，人们对效果的评价是一回事，效果的真实存在状态是另一回事，它不会以人们的好恶为转移，这说明创业活动的结果也是一种客观存在。由此可见，无论是创业的基本要素还是它的实现过程，无论是创业的效果还是人们运用创业的艺术，都体现了创业的客观性。

其次，创业作为人类一种自觉的社会实践，还具有明确的目的性和周密的计划性。这里所谓的目的，是指创业活动所要达到的目标；所谓计划，是根据预定目标的要求和实际提供的多种可能进行决策和制订计划。如前所述，创业活动区别于生物本能活动和人类下意识活动的地方，首先在于创业活动在进行以前，一般都预先设定了目标和计划，这说明创业活动具有目的性和计划性。但是，一般社会实践活动也具有目的和计划，这就必须对两者的目的计划进行比较。按照人们通常的理解，一般的实践在于改造客观世界或探索客观规律。而创业者对创业目的则看法不一，有所谓营利说（认为创业目的在于赚钱营利）、效率说（通过创业提高生产效率或工作效率）、功能放大说（通过创业谋求组织系统的最大功能或最佳效益）和社会效益或社会责任说。人们认为一般实践的目的在于改造客观世界固然不错，但却过于笼统，因为实践是具体的、多样的，不同的实践各有其特殊的目的内容。而单纯认为创业的目的在于营利或在于提高组织工作效率等，既不完全符合创业的真正目的，又割断了创业目的同实践目的的统一关系。其实，创业的目的同实践活动的目的是一致的，这种一致性从两个方面表现出来：一方面，实践的需要产生了相应的创业项目，实践的目的从根本上决定和制约着创业的目的，没有离开一定实践目的的创业目的。脱离实践的目的而另设创业的目的，这种目的要么是不真实的，要么因背离它的对象的目的而不能实现。另一方面，创业作为经济和社会领域的特殊实践，首要的任务就是给实践确定方向，赋予实践活动明确的目的性；其次是通过各种手段，统一创业组织成员的行为目的和控制整个实践过程沿着既定的目的运行。一旦脱离了创业的目的，参与实践活动的每个人的目的便不可能统一起来，整个实践活动就会因此而丧失自己的目的。可见，一般社会实践同创业这一特殊实践，都具有目的性，两者的目的是一致的。

最后，创业作为人类社会的特有形式，具有诸如内聚性、协调性和有序性等特征。这里所说的内聚性包括两层含义：其一，创业是具体的，具体的创业有它特殊的实践对象和作用范围。如果创业的对象错位或创业范围无限扩大，势必造成创业活动的混乱和创业失控。这就意味着，创业是针对一定对象和在一定范围内的活动，而创业的内聚性，是指创业给它作用的实践活动确定对象和划定范围，以使实践系统同环境的内外界限一目了然。其二，创业的内聚性还指创业对实践系统内组织成员的凝聚功能。各类实践活动是由一个个实践者共同参与的群体活动，如果没有创业通过各种方式将它们联系、凝聚在一起，就不可能有社会的“合力”，自然也谈不上实践。所谓协调性，是指要实现创业目标，就要对实践活动进行协调，这既包括组织成员行为的协同一致，又包括对组织系统各成员之间关系的调整处理；既包括对实践过程中人和物、物和物多种因素的合理配置与适时调整，又包括正确处理组织与环境的复杂关系、维护两者的动态平衡。这就是说，协调是各类创业活动实现自身预期目的的手段，以保证它所创业的实践沿着既定的方向正常进行。所谓有序性，是相对于无序、混沌、离散而言，它是对事物一种存在状态的描述。在社会生活中，经济繁荣、政治稳定、思想统一、秩序井然表现了社会系统的有序性。而经济失调、政局动荡、思想混乱和旧的秩序被破坏，则意味着社会系统的无序性。各类社会实践的作用在于破坏已过时的有序状态而追求更新的有序状态，因此它必然伴随着对旧秩序的种种破坏，从而引起各种各样的失衡、分化、混乱等无序现象。而要克服这种无序达到新的有序，创业者应当尽量减少实践过程的盲动性和混乱性，以使各类改造客观世界的活动有序地进行并最后建立起新的秩序。

四、创业的两重性

研究经济领域的活动不难发现，一切经济创业有两重性；不仅以建立企业为目的的创业有两重性，社会创业也有两重性。生产企业创业在内的所有企业创业的两重性，是指创业既同生产力相联系又同生产关系相联系，既反映生产力的需要又受生产关系的制约，既包含如何合理有效地组织生产、进行分配和交换的技术性，又包含实现创业者的生产目的，维护某种生产关系的社会性。以实现公益目的而开展的社会创业的两重性，是指社会创业的手段性和目的性。前者包括如何设置最佳的组织模型，有效地控制社会创业活动组织和人员的行为方式，提高工作效率；后者体现为社会组织的价值取向。

可见，任何创业都有两重性，即创业的自然性（技术性）和创业的社会性。自然性（技术性）包括创业的科学决策程序、计划的制订方法、合理的组织原则、有效的指挥艺术和严密的调控机制等；社会性指创业的各类社会属性，包括创业者的社会地位或所属阶级的阶级性，创业者的价值观念和价值取向、创业关系的社会性质以及创业所产生的社会意义。这就意味着，创业作为一种特殊的社会实践活动，尽管它具备多种属性，但归根到底可归结为这两类基本属性。其中，创业的技术性遵循效率原则，反映了创业活动的客观规律，表现了创业的科学性和通用性，属于创业的自然本质；创业的社会性则不同，它所遵循的是价值原则，反映了创业者的主观意图和价值取向，代表着某种特殊的社会关系，属于创业的社会本质。

创业两重性理论的提出，对于我们深入理解创业和正确对待创业具有重要的意义。

首先，创业两重性表明，创业既不是无目的、无计划的纯感性活动，又不是纯理性的认识活动和思维活动，而是目的观念的对象化活动，是主观和客观、目的和手段、观念和技术相统一的特殊实践活动。这就告诉人们，任何创业活动都是由两重基本属性共同规定的，缺一不可。如果只看到创业某一方面的属性，就会对创业的本质做出错误的判断。

其次，创业的自然性表明，创业虽是人类一种有目的、有计划地组织、调控某类实践活动的能动活动，但人们的目的计划必须合乎创业的实际，不得违背创业活动的运行规律。任何一项有效的创业活动，都是创业者正确认识创业实际和遵循创业规律办事的结果。如果创业者以为创业是个人的活动，便可以随心所欲、任意妄行，就会抹杀了创业的客观自然性，其结果是无法进行科学有效的创业活动。

最后，创业的社会性表明，创业作为由其他实践所决定并反映一定社会关系的特殊实践，还具有时代性、民族性、阶级性、社团性等特殊性，不同的创业之间存在着严格的界限，不容混淆和机械照搬。

第二节　创业活动主客体之间的矛盾

世界是充满矛盾的，矛盾存在于一切领域。创业实践活动系统也是一个矛盾的世界，创业活动过程是解决各种矛盾的过程。如在决策过程中，存在着主观目的和实现可能的矛盾，组织目标和社会利益的矛盾，智囊人员同决策人员的“谋”“断”矛盾；在具体实践过程中，存在着上下级之间的矛盾，职能部门之间的矛盾，同级人员之间的矛盾；在调整控制过程中，存在着计划与执行的矛盾，环境和组织的矛盾，离散和协调的矛盾，等等。

在各种各样的创业活动矛盾中，究竟有无一种贯穿创业活动过程始终、决定创业活动基本性质的矛盾呢？笔者认为，这对矛盾就是创业活动主体和创业活动客体之间的矛盾。由于这对矛盾决定着创业活动的基本形式和基本性质、引发了其他矛盾的产生并制约着其他矛盾的解决，因此，研究这一矛盾便成为研究创业实践活动的一个有意义的命题。

在一般意义上，创业活动主客体的矛盾是指充当主体的人同作为客体的人和物之间的对立统一关系。但是，人与物的矛盾又可归结为创业活动过程中人与人的对立统一关系，它分别表现为利益和责任、指挥和服从、纪律和自由、控制和反控四类典型矛盾现象。

一、利益和责任的矛盾关系

利益是满足人们物质需要和精神文化需要的范畴，人们有多少种需要，就有多少种利益；不同时代和不同国家的人有不同的需要，判断利益也就有不同的社会历史标准。责任作为与利益相对的概念，是指人们在社会中所承担的义务和应负的职责。人们要从社会或组织那里获得利益的满足，就必须担负相应的社会义务和尽到一定的社会责任。如果不负责任，就无权得到相应的利益；反之，如果没有一定的利益，人们也就无责任可言。

创业活动的发生和开展，首先依赖于组织成员合理分担一定的责任和获得相应的利益。这是因为创业活动组织系统的形成，是组织成员为了各自的利益走到一起来的，如果无利可图，人们绝不会结合为组织。同样的道理，既然人们为了自身的利益结合起来协同活动，就会有组织分工，就要承担不同的责任；不承担相应责任，就不可能进行有效的创业活动，自然也无法满足自身的利益。因此，创业活动要得以正常开展，必须要明确每一组织成员的责任和满足其应得到的利益。其中，创业者有其工作责任和与之相应的利益，雇员也有其工作责任和与之相应的利益，只有当两者各尽其责、各得其利的时候，主客双方才能形成一个动态组织系统，创业活动才得以持续有效地进行下去。

但是在创业活动中，利益和责任又常常是不统一的。这是因为，利益作为满足人们需要的表现形式，具有一种由外到内、由人到己的收敛性和排他性。如果缺乏有效的组织约束机制，无论是个人还是组织都会本能地唯利是图。相反，责任意味着为他人和组织作贡献，它具有由内到外、推己及人的社会发散性和自觉性，只有通过有效的组织约束和道德教化，才能使组织成员树立责任感，对自己的行为负起社会责任。恩格斯认为，人从动物发展进化而来这一事实，决定了人性之中包含着兽性，社会进步不可能完全消灭人类趋利避害的动物本性，而只能逐渐减少并增添其社会性。可以说，趋利是人的本能，责任是人的后天获得和社会再造，利益和责任的相互排斥实际是由人的生物性和人的社会性之间的对立决定的。创业活动过程之所以无法避免这一矛盾，也正是因为这一原因。

二、指挥和服从的矛盾关系

“指挥”是一个组织学概念，其意是说创业者运用权力对下属雇员行使指导、施加影响的行为过程。

“服从”则相反，它是指在创业活动中下级接受上级的指令、按照上级的意图而运作的过程。创业活动的重要原则就是指挥统一、令行禁止。如果上级放弃指挥或者下级拒不服从，创业活动就不可能进行。

在创业活动实践中，指挥和服从不是自然达到统一的，而是在矛盾运动中求得一致的。之所以会经常出现矛盾，大致有以下一些原因。

第一，利益分配不公，雇员因感到无利可图而拒不服从指挥。如果在分配上处理不当，就会引起消极对抗创业者指令的种种行为。

第二，价值观念不统一，创业者和雇员缺乏一致的价值观念。创业活动不仅是少数创业主导者的事，还是组织所有成员共同的事业，它需要大家对组织目标取得共识，上下要有共同的价值观念。但是在实际生活中，人和人的社会地位、主观需要是不完全相同的，基于不同的社会地位和主观需要，每个人的价值观念也不可能自然地取得一致。尤其是创业者和雇员，由于他们处在不同的地位，价值观念存在着明显的区别，两者经常发生观念冲突，这就使创业者发出的指令受到雇员的抵制或曲解。

第三，创业活动主导者有权无威，滥用职权。创业活动的指挥权虽是必要的，但指挥是否得到相应的服从则取决于掌握权力的创业者有无威信，指挥是否得当。只有既具有权威、又指挥得当的创业者，才能不仅从信息上还从情感理智上与雇员沟通，从而得到他们的信任、理解和支持。而有权无威的创业者，其指挥要么是强迫命令、滥用职权，要么是朝令夕改、意气用事，其结果或者遭到雇员的抵制，或者使雇员被迫屈从或盲目服从。雇员的抵制显然会导致指挥的落空；屈从或盲从只是表面上的服从而非自觉地服从，同样会使指挥失去真实的对象而成为虚假的指挥。

可见，在有分工、有协作的组织系统中，以指挥为一方的创业者和以服从为一方的雇员经常处在矛盾的状态中。创业者越是使用强制命令，雇员越是被迫屈从或盲目服从，从而丧失主动积极性和创造性；而雇员的屈从和盲从一旦成为一种习惯或通病，创业者就会习惯颐指气使、滥发指令。如此恶性循环，便会影响创业目标的实现。

要避免这种情况，应当做好以下几方面的工作：第一，指挥不应采取简单的强制命令，而应伴之以说服、指导和激励，使雇员心服口服、自觉服从；第二，指挥应以上下共识为基础，服从则以真理为前提。反对不符合情况的指挥，提倡服从真理，尊重权威；第三，力求指挥的正确和服从正确的指挥，为创业者和雇员的关系创造一种良性循环的格局：创业者越是充分考虑雇员的利益，雇员越会自觉服从其指挥；同时，雇员越是服从创业者的指挥，支持创业者的工作，创业者的指挥就越有效，雇员的积极性越高，越能体现集体的智慧，使全体组织成员利益最大化。

三、纪律和自由的矛盾关系

要行使创业者的指挥权，组织必须制订纪律，要变盲从、屈从为自觉地服从，以发挥广大雇员的主动创造性。

纪律和自由是创业活动中的又一对矛盾，两者也常常通过创业者和雇员的关系表现出来。所谓纪律，是指为实现组织目标、保证创业活动有序地进行而制订的各种行为规范，它主要是由创业者来监督执行。自由有多重含义，在创业活动中主要是针对组织纪律而言，主要指雇员在纪律允许的范围内行动的自主性和行为的自觉性、自律性。创业活动之所以能够进行，既要有统一的组织纪律来规范人们的行为，统一大家的行动；又要有一定的自由，以使个人能够独立地开展本职工作。没有纪律，就无法约束人们的行为而使组织形成合力，自然也就谈不上实现创业目标。没有自由，组织成员的一言一行都得按创业者的指令行动，成员就会因丧失自主性和自觉性而成为完全由他人操作的机器，同样谈不上实现创业目标。由此可见，纪律和自由作为矛盾的两个侧面，是相互依存、彼此作用的。创业活动在一定的意义上，就是创业者代表的组织纪律和雇员代表的个人自由这两者之间的对立统一过程。但是，纪律和自由的对立统一运动不是自发完成的，它作为社会规律之一，必须通过人们的正确认识和具体的创业实践活动才能实现。

在创业活动中，要防止以下两种错误倾向。

第一种是只强调纪律而排斥自由的倾向。这种倾向将创业活动片面地理解为对组织成员的纪律约束和行为强制，试图将人们的一切言行都统统纳入可控的范围。在这种倾向的影响下，纪律就是一切，人们的一言一行无不受到组织的限制和创业者的监督；自由在这里不被允许，人们的主动创造性被看作不安本分而受到鄙视甚至遭到惩戒。持这种观点的人无法理解纪律和自由的辩证关系，始终意识不到没有自由便没有人们对纪律的自觉遵从。一方面，雇员因被剥夺了自由，必然会产生抵抗情绪或变得麻木呆滞，纪律无法起到真实的效用；另一方面，也助长了创业者的专擅任性，使之我行我素、唯我独尊，成为纪律的破坏者。这样一来，本来人人都应享有的自由和人人都需遵守的纪律就发生两极分化：一极是雇员，他们只能遵守纪律而无权享有自由；另一极是创业者，他们享有自由且不需要遵守纪律。显然，这种创业活动模式既践踏了自由又破坏了纪律，它充满压迫、强制、屈从、愚昧和逢迎气息，是一种极其脆弱又极为霸道的方式，很容易引发社会问题。

与只讲纪律、不讲自由的倾向相反的另一种极端，是只讲自由、不讲纪律的自由主义倾向。自由主义者肯定人的自我力量、尊重人的自由创造、批判专制主义蔑视人的种种观点，无疑具有部分的真理性。但是自由主义者对自由的理解是片面的，他们认为纪律是自由的敌人，任何纪律对自由都只能是一种有害的束缚，自由是绝对不受他人约束。自由主义有其深厚的社会根源，分散的小生产经济是它们滋生的温床。列宁曾说："小生产习惯于散漫，自觉地不遵守纪律。"事实正是如此。

纪律和自由的辩证统一为创业实践的健康发展提供了根本的保证。为了维护组织利益和个人的尊严，既不允许任何人破坏纪律，同时又保护个人的自由。因此，要求创业者在创业实践活动中既要警惕无视自由、只讲纪律的专制创业活动方式，注意尊重雇员的首创精神，维护人们的自由权利；又要反对破坏纪律的极端自由主义，严格组织纪律，培养遵守纪律的良好习惯。

四、控制和反控的矛盾关系

控制是一个多义范畴，其基本含义有三：一是普通控制论的含义，二是管理学的含义，三是哲学上的含义。普通控制论的控制，是指在一个闭环系统中通过信息的传递和反馈过程，控制系统对被控系统所施加的目的性活动，以使被控系统在规定的限度内活动。当普通控制论运用到创业管理中，控制的含义是指创业者追踪计划执行情况，捕捉偏差信息，调适计划和执行的关系，保证人流、物流、信息流按组织目的定向流动的职能活动。从哲学的角度看控制可以理解为主体能动作用于对象性客体的实践活动，凡是人类的实践活动，无不包括主体人对它作用的对象活动的定向控制。因此，将创业活动看成一种特殊的实践活动，控制就可以解释为创业活动主体对作为雇员的人的行为的干涉、强制和引导。

因为创业活动中的控制主要是人对人的关系行为，所以在控制别人的同时必然会出现别人的反控。如果没有反控，将被控制看成一方对另一方的绝对服从，人就会成为机器，就无所谓对人的控制。

在各种创业实践活动中，控制和反控制是作为一对矛盾而存在的，它们从另一侧面反映了创业活动主客体的对立统一关系。

首先，控制是创业活动主体贯彻组织目标、实现创业目标的活动过程。在实施控制的过程中，创业活动必须通过多种方式向雇员传递信息、解释目的，使广大雇员理解并接受他们的意图，这可以说是思想控制。但处在客体地位的人并不都能完全理解和接受主体的意图，由于思维方式、文化素质、价值观念的差异，他们常常有选择地接收信息，按自己的思维方式来领会创业者意图，有时还会敌视创业者的指令，形成逆反心理，从而出现反控情绪。因此，控制过程并非我们想象的那般顺当，指令信息的传递和接收经常不畅。一旦创业者的指令遭到雇员或公开或隐蔽的自觉抵制时，创业者和雇员就会从两个不同方向想问题，形成思想控制和反思想控制的矛盾。

其次，控制不只是创业者发出指令信息，为保证创业者指令的实施，还必须对雇员的行为进行监督和纠正。这就是行为控制。但处在被监督地位的既不是人又不是物，而人在本能上是不喜欢别人对自己的行为进行监督的，甚至只喜欢听到赞美，不喜欢听到批评，这也必然形成反控制。现代心理学认为，人往往有自我辩解的习惯，心理上常常存在一种防御机制，尽量排除那些令人不快的消极感受。尤其是现代人，自尊感和独立感与日俱增，特别不习惯别人对自己发号施令、说长道短，哪怕自己做错了也不愿公开承认。因此，当创业者以指挥、监督的身份对雇员的错误行为公开指责、批评乃至当众处罚时，不仅受指责、受处罚的人可能会当场发生冲突，在场或不在场的其他人也往往会同情受指责的一方。如果创业者习惯于这种控制方式，久而久之就会将自身置于不利地位，使反控行为蔓延牵连，形成对控制的一种条件反射。

最后，控制是对计划的执行情况进行追踪分析，将捕捉到的偏差信息反馈到决策系统再进行调整。这里有两类偏差：一是计划大致正确而执行不力所发生的偏差；二是计划部分不正确甚至基本不正确所造成的偏差。当要求雇员执行部分不正确或基本不正确的计划时，最初因为矛盾暴露不充分，人们尚能按计划行事。但随着矛盾暴露，人们越来越感到计划的荒谬或不切实际，执行计划的雇员就会中断原计划的执行，然后按自己的意图行动。这也是一种反控，而且是经常的、大量的反控现象。因此，在错误计划被反馈到创业者、做出修正之前，创业者和雇员之间便形成一种“博弈”格局。人们常说的“上有政策，下有对策”，“你说你的，我干我的”，或者“阳奉阴违”，多是由决策错误、计划不周所引起的反控行为。既然计划不可能一开始就是绝对符合实际的，那么这种反控行为的出现也就不足为怪、自然而然了。

由此可见，控制和反控制作为创业活动中的一对矛盾，是客观普遍存在的。要使两者得到统一，必须正确处理以下几种关系。

第一，要正确处理创业者和雇员的利益关系，统一两者的价值观念。反控现象出现的深层根源，在于创业者未能公正处理同雇员的利益关系，导致价值观念和物质利益的冲突。要避免或缓冲这种冲突所引起的反控行为，在可能的条件下应尽量做到公正，以使全体组织成员意识到组织目标也是他们自身所追求的功利价值目标。

第二，要正确处理主观和客观、需要和可能、目的和手段的辩证关系，尽量使计划较为科学、大致可行。反控行为产生的另一重大原因是计划不符合实际。要避免或妥善解决因计划失误引起的反控，就应当坚持实事求是的思想路线，反对主观主义，使计划大致符合组织系统的实际。另外，当计划在执行中出现偏差、证明了原计划的不妥之处时，创业者应及时修正甚至完全变更原有计划，而不能自以为是，将问题归结到执行人员身上去。为此，尊重科学、尊重雇员就成为控制者必须遵守的。

第三，要正确处理创业者和雇员的行为关系，雇主和雇员之间要做到彼此了解、沟通情感。反控现象产生的一个原因是上下隔膜、沟通不畅造成的，其主要方面又在于创业者在执行计划时对雇员方式简单、行为粗暴。因此，要避免这一原因造成的反控行为，创业者和雇员在平时就要多接触、多了解，增进友谊、交流感情。当雇员行为出错的时候，创业者要冷静沉着地处理问题，引导雇员自己认错，自己改正，最好不要当众教训，更不能以惩罚相威胁。

第三节　创业时代环境分析

一、创业政治背景

（一）国际科技发展战略

随着“工业 4.0”概念的横空出世，以“智能化”为特征的产业革命甚嚣尘上，一场没有硝烟的制造业的“世界大战”正在世界各国上演。

1. 德国工业

德国“工业 4.0”这一概念问世于 2011 年 4 月在德国举办的汉诺威工业博览会，成型于 2013 年 4 月德国“工业 4.0”工作组发表的名为“保障德国制造业的未来——关于实施‘工业 4.0’战略的建议”的报告，进而于 2013 年 12 月 19 日由德国电气电子和信息技术协会细化为“工业 4.0”标准化路线图。

德国将制造业领域技术的渐进性进步描述为工业革命的四个阶段：

（1）工业 1.0

18 世纪 60 年代至 19 世纪中期，通过水力和蒸汽机实现的工厂机械化可称为“工业 1.0”。这次工业革命的结果是机械生产代替了手工劳动，经济社会从以农业、手工业为基础转型到了以工业以及机械制造带动经济发展的模式。

（2）工业 2.0

19 世纪后半期至 20 世纪初，在劳动分工的基础上采用电力驱动产品的大规模生产可称为“工业 2.0”。这次工业革命，通过零部件生产与产品装配的成功分离，开创了产品批量生产的新模式。

（3）工业 3.0

“工业 3.0”开始于 20 世纪 70 年代并一直延续到现在，电子与信息技术的广泛应用，使得制造过程不断实现自动化，可称为“工业 3.0”。自此，机器能够逐步替代人类作业，不仅接管了相当比例的“体力劳动”，还接管了一些“脑力劳动”。

（4）工业 4.0

德国学术界和产业界认为，基于信息物理系统（简称 CPS）的智能化，将使人类步入以智能制造为主导的第四次工业革命，即“工业 4.0”，其实质就是实现“智能工厂”。产品全生命周期和全制造流程的数字化以及基于信息通信技术的模块集成，将形成一个高度灵活、个性化、数字化的产品与服务的生产模式。

总的来看，“工业 4.0”战略的核心就是通过 CPS 网络实现人、设备与产品的实时连通、相互识别和有效交流，从而构建一个高度灵活的个性化和数字化的智能制造模式。在这种模式下，生产由集中向分散转变，规模效应不再是工业生产的关键因素；产品由趋同向个性转变，未来产品都将完全按照个人意愿进行生产，极端情况下将成为自动化、个性化的单件制造；用户由部分参与向全程参与转变，不仅出现在生产流程的两端，而且广泛、实时参与生产和价值创造的全过程。

2.美国工业互联网

在美国，“工业 4.0”的概念更多地被工业互联网所取代，尽管称呼不同，但这两个概念的基本理念一致，就是将虚拟网络与实体连接，形成更具有效率的生产系统。

与德国“工业 4.0”强调的“硬”制造不同，软件和互联网经济发达的美国更侧重于在“软”服务方面推动新一轮工业革命，希望用互联网激活传统工业，保持制造业的长期竞争力，并借助网络和数据的力量提升整个工业的价值创造能力。

美国版的“工业 4.0”实际上就是工业互联网革命，工业互联网的概念最早由通用电气于 2012 年提出，随后美国五家行业龙头企业联手组建了工业互联网联盟（IIC），将这一概念大力推广开来。除了通用电气这样的制造业巨头，加入该联盟的还有国际商业机器公司、思科、英特尔和美国电话电报公司等互联网技术企业。工业互联网联盟采用开放成员制，致力于发展一个“通用蓝图”，使各个厂商设备之间可以实现数据共享。

该蓝图的标准不仅涉及互联网网络协议，还包括诸如互联网技术系统中数据的存储容量、互联和非互联设备的功率大小、数据流量控制等指标。其目的在于通过制订通用标准，打破技术壁垒，利用互联网激活传统工业过程，更好地促进物理世界和数字世界的融合。尽管上述标准的建立和最终批准可能需要几年时间，但一旦这些标准建立起来，将有助于硬件和软件开发商创建与物联网完全兼容的产品。最终结果是可能实现传感器、网络、计算机、云计算系统、大型企业、车辆和数以百计其他类型的实体得以全面整合，推动整个工业产业链的效率全面提升。

（二）中国科技发展战略

2015 年 5 月 19 日，国务院正式印发了《中国制造 2025》。这是党中央、国务院总揽国际和国内发展大势，站在增强我国综合国力、提升国际竞争力、保障国家安全的战略高度做出的重大战略部署，其核心是加快推进制造业创新发展、提质增效，实现从制造大国向制造强国的转变。

1.《中国制造 2025》的战略目标

《中国制造 2025》的战略目标：立足国情，立足现实，力争通过“三步走”实现制造强国。

第一步：到 2025 年

力争用 10 年时间，迈入制造强国行列。到 2020 年，基本实现工业化，制造业大国地位进一步巩固，制造业信息化水平大幅提升；到 2025 年，制造业整体素质大幅提升，创新能力显著增强，全员劳动生产率明显提高，“两化”（工业化和信息化）融合迈上新台阶。

第二步：到 2035 年

我国制造业整体达到世界制造强国阵营中等水平。

第三步：到 2049 年

中华人民共和国成立 100 年时，更加巩固制造业大国地位，综合实力进入世界制造强国前列。

2.《中国制造 2025》的战略任务和重点

提高国家制造业创新能力，推进信息化与工业化深度融合；强化工业基础能力，加强质量品牌建设；全面推行绿色制造；大力推动重点领域突破发展，聚焦新一代信息技术产业、高档数控机床和机器人、航空航天装备、海洋工程装备及高技术船舶、先进轨道交通装备、节能与新能源汽车、电力装备、农机装备、新材料、生物医药以及高性能医疗器械等重点领域；深入推进制造业结构调整；积极发展服务型制造和生产性服务业；提高我国制造业国际化发展水平。

3.《中国制造 2025》的战略支撑和保障

深化体制机制改革；营造公平竞争市场环境；完善金融扶持政策；加大财税政策支持力度；健全多层次人才培养体系；完善中小微企业政策；进一步扩大制造业对外开放；健全组织实施机制。

4.《中国制造 2025》五大重点工程

制造业创新中心（工业技术研究基地）建设工程、智能制造工程、工业强基工程、绿色制造工程以及高端装备创新工程。

5. 实施“中国制造 2025”战略的紧迫性

“中国制造”依赖廉价劳动力和消耗大量资源得以发展，其基础是脆弱的，所面临的忧患和挑战也是前所未有的。我国人口红利优势的减弱，将使传统制造业失去低成本的优势，国外以智能制造为核心的制造业不断升级，更给我国制造业带来了很大的冲击。

为了让“中国制造”真正辉煌，使“中国制造”变为“中国服务”“中国创造”，有必要通过实施“中国制造2025”战略，依靠长期不懈的努力，使中国跻身世界制造业强国，实现我国的制造业强国梦。到2025年，我们要进入世界强国之列；到2035年，“中国制造2035”赶超德国、日本、美国等制造业大国，进入世界强国的中位；到2045年，“中国制造2045”进入世界强国的领先地位；“中国制造2025～2045”将是中国制造业未来30年发展的路线图，而“中国制造2025”是第一个10年的行动纲领。

（三）中国科技发展战略的依据

2015年6月，国务院颁布的《关于大力推进大众创业万众创新若干措施的意见》明确指出：推进大众创业、万众创新，是培育和催生经济社会发展新动力的必然选择，是扩大就业、实现富民之道的根本举措，是激发全社会创新潜能和创业活力的有效途径。

“大众创业、万众创新”的提出把创业、创新、人、企业这几个关键要素紧密结合在一起，不仅要突出打造经济增长的引擎，还要突出打造就业和社会发展的引擎；不仅突出精英创业，还突出草根创业、实用性创新，体现了创业、创新、人和企业“四位一体”的创新发展总要求。

李克强总理在出席国家科技战略座谈会时指出，实施创新驱动发展战略，要坚持把科技创新摆在国家发展全局的核心位置，既发挥好科技创新的引领作用和科技人员的骨干中坚作用，又最大限度地激发群众的无穷智慧和力量，形成大众创业、万众创新的新局面；要依托“互联网+”平台，集众智搞创新，厚植科技进步的社会土壤，打通科技成果转化通道，实现创新链与产业链有效对接，塑造我国发展的竞争新优势；要把科技与人民群众的创造力在更大范围、更深程度、更高层次上融合起来，既要“顶天”，努力突破核心关键技术，勇攀世界科技高峰，又要“立地”，通过大众创业、万众创新将科技成果转化为现实生产力。

大众创业、万众创新，既可以大幅增加有效供给，增强微观经济活力，加速新兴产业发展，又可以扩大就业、增加居民收入，同时还有利于促进社会纵向流动和公平正义，是经济发展的引擎。

不积跬步，无以至千里；不积小流，无以成江海。全球新一轮科技革命和产业变革蓄势待发，我国经济进入速度变化、结构转型和动力转换的关键时期，面对新的形势，我们必须深入推进大众创业、万众创新，着力营造有利于杰出科学家、发明家、技术专家和企业家不断涌现，大众创业、万众创新蔚然成风的社会环境和文化氛围，让每个充满梦想并愿意为之努力的人获得成功，从而实现经济平稳持续增长、国家强盛、人民富裕和社会公平正义。

1. 案例一 汉诺威工博会："工业 4.0"走向实际应用

2016 年 4 月 25 日至 29 日，一年一度的汉诺威工业博览会（简称工博会）再次令全球目光聚焦在未来工业发展上。今年的工博会共有来自世界 75 个国家和地区的 5200 多家企业参展，重点展示工业自动化、数字工厂、能源、工业供应商、研究与技术等五个方面的最新工业发展成果。今年来自中国的参展商约 630 家，数量仅次于德国本土参展商。德国"工业 4.0"与"中国制造 2025"的对接也是展会关注的重点。

今年工博会的主题是"融合的工业——发现解决方案"。自 2011 年工博会首次提出以来，"工业 4.0"已经逐渐从概念走向实际应用。本届展会上，参展商展示了百余项工业 4.0 的实际应用，提供了工厂与能源系统的数字化解决方案。

德国总理默克尔在开幕式上表示，当今世界正处于将"数字议程"融入工业生产的特殊时期，工业是德国经济的引擎。机械、汽车等行业将会产生大量数据，数据经过处理产生附加值，并催生智能系统，这些系统给工业发展带来了全新机遇。

分析：

"工业 4.0"的应用日新月异，如何让"工业 4.0"相关技术广泛使用，真正应用到生活、生产当中，正是摆在人们面前的一道难题。对于广大中小企业而言，"工业 4.0"的推广和应用必须要让他们得到实在的好处，那就是能让他们从开始使用就赚钱。作为最先接触高科技的大学生们，对于科技成果转化、技术转移有着巨大优势，应该让自己走在变革社会的前列。

2. 案例二 中国制造 2025+互联网 两大国家战略对接

"互联网+"和"中国制造 2025"两个行动计划同时出现在去年的政府工作报告中，引发多个行业的深度关注。而在昨日召开的国务院常务会议上，两大战略首度联袂亮相，"中国制造 2025+互联网"就此出炉。

《第一财经日报》采访的专家认为，"互联网+"此前更多受到服务业和新兴产业的关注，而更根本的制造业内容也应该是"互联网+"的重要组成部分，国务院此次提出的概念为"中国制造"升级为"中国智造"拟出了线路图，中国的产业升级有望受益于这一决策。

会议提出，实施《中国制造 2025》对促进制造业升级等发挥了积极作用，也是深化供给侧结构性改革的重要内容。我国必须坚持市场导向，引导企业适应和引领市场，在"中国制造+互联网"上尽快取得突破，实现中国制造迈向中高端水平。此外，会议还明确要出台 11 个配套实施指南、行动计划或专项规划以及设立"中国制造 2025"专项资金等具体措施。

分析：

对制造业而言，“互联网+”的本质是以互联网技术为主的新一代信息技术融合渗透，制造模式、生产方式和组织形态都将发生变革，所以需要重新定位互联网产业各角色——运营商、设备商、系统集成商、软件服务商等。同样，互联网技术时代的大学生也将有机会跨领域、跨行业与之深度合作。

3. 案例三　“大众创业、万众创新”心动不如行动

在达沃斯，李克强总理提到了淘宝村，东部一个700户的小村子，开了2800家网店，一个人干几个人的活。李克强总理曾多次说过：“对网购、快递等新经济、新业态要高度重视。总不能让新的去适应旧的，更不能让脚适应鞋。”他还经常讲：“要善待草根创业者，善待年轻人。只有他们有希望、有期待，国家才会有未来。”“大众创业、万众创新”不仅给许多年轻人一个追梦的机会，对社会经济来说也具有极其重要的现实意义。

“大众创业、万众创新”，重要的是打造良好的发展环境。去年以来，党中央、国务院高度重视大众创新创业，李克强总理也多次对大众创新创业做出重要指示，强调要将此作为新常态下经济发展的新引擎。并且仅在2014年，国务院和相关部委就出台了13个关于促进创新创业的文件，这其中包括了简政放权、金融支持等多个方面的鼓励扶持政策，为大众创业松绑。今年，国务院又设立了总额在400亿元人民币的“国家新兴产业创业投资引导基金”来助力创新创业更快更好发展。

“大众创业、万众创新”，更需要具体的创新创业环境。地方政府如何按照中央和国务院的要求，进一步简政放权，为“大众创业、万众创新”提供服务，至关重要。创业者最担心的是审批、立项太过烦琐，有权就任性。记得李克强总理在国务院常务会议上说过的一句话：“希望我们的一些同事，不要贪恋手里那点小小的权力，阻碍政府工作的大目标，那样做得不偿失。”这既是提醒，又是告诫，而此次“两会”上，总理再次告诫“大道至简，有权也不能任性”，在此，有头脑的公务员都应分清轻重。

分析：

本届政府以“大众创业、万众创新”牵引中国经济迈入发展新时代，“大众创业、万众创新”必将成为我国施政兴邦富民、开启经济发展新时代的“新标志”。作为新时代的接班人，大学生应该在国家建设中起到表率作用，努力得到各方面的支持。

（四）实践运用

1. 实训项目

借鉴德国“工业4.0”战略，为“中国制造2025”的实现提供对策及措施。

2. 操作方法

①坚持走中国特色新型工业化道路。“中国制造 2025”战略的指导方针应该是坚持走中国特色新型工业化道路。

②工业技术与信息技术紧密结合。“中国制造 2025”的基本思路应该是借助工业技术与信息技术的结合，以此改变中国制造业的现状。

③鼓励制造企业牵头建立产业技术创新联盟，推动技术创新和市场拓展。中国制造业的产能已经很大，220 多种产品的产量居世界第一位，有些产品的产量已经达到全球生产能力的 50%、60%。所以，产能的扩张不是主要目的，主要是创新、创新再创新，缩短在高端领域与国际企业的差距。

④走绿色低碳发展道路。德国制造业的发展经验表明，受客观历史条件、产业发展阶段和技术发展水平等限制，制造业一般需要经历低效率、高投入、高污染和不协调的起步阶段。

⑤优化产业结构，加快推动自身战略性新兴产业和高技术产业发展。调整产业结构是促进经济发展、提高经济质量和效益的根本措施。

3. 分析思考

中国制造产业可借鉴德国“工业 4.0”战略，从中国特色新型工业化道路、工业技术与信息技术紧密结合、产业技术创新联盟建设、绿色低碳发展等方面，为实现“中国制造 2025”采取相应对策及措施。

二、创业激励促进

（一）创新创业大事记

①2014 年，习近平总书记在 2014 年中央经济工作会议上强调，“市场要活、创新要实、政策要宽，营造有利于大众创业、市场主体创新的政策制度环境。”

②2014 年 9 月 10 日夏季达沃斯论坛开幕式上，国务院总理李克强发表重要致辞，指出“只要大力破除对个体和企业创新的种种束缚，形成‘人人创新’‘万众创新’的新局面，中国发展就能再上新水平”。

③中共中央政治局 2015 年 2 月 12 日召开会议，讨论国务院拟提请第十二届全国人民代表大会第三次会议审议的《政府工作报告》稿，习近平总书记在会议上指出，完成 2015 年经济社会发展主要预期目标和任务，关键是“稳”和“进”相互促进，要着眼于实现经济中高速增长和迈向中高端水平，坚持稳政策稳预期、促改革调结构，激励大众创业、万众创新，增加公共产品、公共服务，推动经济发展调速不减势、量增质更优。

④2015 年 3 月 5 日，“两会”政府工作报告中，李克强总理再次提到要“把亿万人民的聪明才智调动起来，就一定能够迎来万众创新的新浪潮”。由此，“大众创业、万众创新”的新浪潮开始引发公众关注，成为新常态经济下发展的“双引擎”之一，也成为 2015 年热点事件之一。

⑤2015 年 5 月 7 日，李克强总理先后来到中国科学院和北京中关村创业大街考察调研。他强调，推动大众创业、万众创新是充分激发亿万群众智慧和创造力的重大改革举措，是实现国家强盛、人民富裕的重要途径，要坚决消除各种束缚和桎梏，让创新创业成为时代潮流，汇聚起经济社会发展的强大新动力。

⑥2015 年 6 月 16 日，经李克强总理签批，国务院印发《关于大力推进大众创业万众创新若干政策措施的意见》，这是推动大众创业、万众创新的系统性、普惠性政策文件。

⑦2015 年 7 月 27 日，李克强总理出席国家科技战略座谈会并做重要讲话。实施创新驱动发展战略，要坚持把科技创新摆在国家发展全局的核心位置，既发挥好科技创新的引领作用和科技人员的骨干中坚作用，又最大限度地激发群众的无穷智慧和力量，形成大众创业、万众创新的新局面。

⑧2015 年 10 月 19 日，李克强总理在北京出席首届“全国大众创业万众创新活动周”，并考察主题展区。“当前，我国发展进入新常态，正处在发展方式和新旧动能转换的关键期，要以大众创业、万众创新这一结构性改革激发全社会创造力，打造发展新引擎。”

⑨国务院总理李克强 11 月 5 日主持召开国务院常务会议，决定削减前置审批、推行投资项目网上核准，释放投资潜力、发展活力；部署加强知识产权保护和运用，助力创新创业、升级“中国制造”。

⑩2016 年 3 月 2 日经李克强总理签批，国务院印发《实施〈中华人民共和国促进科技成果转化法〉若干规定》。该规定提出了更为明确的操作措施，强调要打通科技与经济结合的通道，促进大众创业、万众创新，鼓励研究开发机构、高等院校、企业等创新主体及科技人员转移转化科技成果，推进经济提质增效升级。

（二）自主创业政策

按照《国务院关于进一步做好新形势下就业创业工作的意见》（国发〔2015〕23 号）、《国务院办公厅关于深化高等学校创新创业教育改革的实施意见》（国办发〔2015〕36 号）等文件规定，高校毕业生自主创业优惠政策主要包括以下内容：

1. 税收优惠

持人社部门核发就业创业证（注明“毕业年度内自主创业税收政策”）的高校毕业生在毕业年度内（指毕业所在自然年，即1月1日至12月31日）创办个体工商户、个人独资企业的，3年内按每户每年8000元为限额依次扣减其当年实际应缴纳的营业税、城市维护建设税、教育费附加和个人所得税。对高校毕业生创办的小型微利企业，按国家规定享受相关税收支持政策。

2. 创业担保贷款和贴息支持

对符合条件的高校毕业生自主创业的，可在创业地按规定申请创业担保贷款，贷款额度为10万元。鼓励金融机构参照贷款基础利率，结合风险分担情况，合理确定贷款利率水平。对个人发放的创业担保贷款，在贷款基础利率基础上上浮3%以内的，由财政给予贴息。

3. 免收有关行政事业性收费

毕业2年以内的普通高校毕业生从事个体经营（除国家限制的行业外）的，自其在工商管理部门首次注册登记之日起3年内，免收管理类、登记类和证照类等有关行政事业性收费。

4. 享受培训补贴

对高校毕业生在毕业学年（即从毕业前一年7月1日起的12个月）内参加创业培训的，根据其获得创业培训合格证书或就业、创业情况，按规定给予培训补贴。

5. 免费创业服务

有创业意愿的高校毕业生，可免费获得公共就业和人才服务机构提供的创业指导服务，包括政策咨询、信息服务、项目开发、风险评估、开业指导、融资服务、跟踪扶持等“一条龙”创业服务。各地在充分发挥各类创业孵化基地作用的基础上，因地制宜建设一批大学生创业孵化基地，并给予相关政策扶持。对基地内大学生创业企业要提供培训和指导服务，落实扶持政策，努力提高创业成功率，延长企业存活期。

6. 取消高校毕业生落户限制

允许高校毕业生在创业地办理落户手续（直辖市按有关规定执行）。

（三）创业补贴办理

为贯彻落实《国务院关于进一步做好新形势下就业创业工作的意见》（国发（2015）23号），各地区进一步加大了创业带动就业的扶持力度，相关的创业带动就业补贴项目包括创业培训补贴、一次性创业资助、租金补贴、创业带动就业补贴、创业企业社会保险补贴、创业孵化补贴、示范性创业孵化基地补贴、优秀创业项目资助、创业项目征集补贴、创业项目对接及跟踪服务补贴等。

广州市为了进一步加大对促进高校毕业生就业创业补贴政策的力度，出台的相关文件有《关于进一步落实高校毕业生就业创业补贴政策的通知》（穗人社发〔2014〕29号）、《关于印发广州市创业带动就业补贴办法的通知》（穗人社发〔2015〕57号）等，明确了高校毕业生就业创业补贴项目、对象、标准等有关问题。

1. 一次性创业资助补贴（穗人社发〔2015〕57号文）

补贴对象：①在穗普通高等学校、职业学校、技工院校学生（在校及毕业5年内）；②出国（境）留学回国人员（领取学位证5年内）。

补贴标准：以上人员成功创业（在本市领取工商营业执照或其他法定注册登记手续，本人为法定代表人或主要负责人），并未正常经营6个月以上的，每户给予一次性创业资助5000元。

2. 租金补贴（穗人社发〔2015〕57号文）

补贴对象：①在穗普通高等学校、职业学校、技工院校学生（在校及毕业5年内）；②出国（境）留学回国人员（领取学位证书5年内）。

补贴标准：在本市租用经营场地创办初创企业并担任法定代表人或主要负责人的，可申请租金补贴。租金补贴直接补助到所办企业，每户每年4000元，累计不超过3年。

3. 创业带动就业补贴（穗人社发〔2015〕57号文）

补贴对象：①在穗普通高等学校、职业学校、技工院校学生（在校及毕业5年内）；②出国（境）留学回国人员（领取学位证5年内）。

补贴标准：以上人员在本市自主创业，吸纳毕业2年内在穗或广州市生源高校毕业生，并与招用人员签订1年以上劳动合同，依法参加为招用人员购买、连续缴纳3个月以上社会保险。按初创企业招用人数给予创业带动就业补贴，招用3人（含3人）以下的按每人2000元给予补贴；招用3人以上的每增加1人给予3000元补贴，每户企业补贴总额最高不超过3万元。

4. 创业企业社会保险补贴（穗人社发〔2014〕29号文）

补贴对象：毕业学年起3年内自主创业，在本市领取营业执照或其他法定机构注册登记并正常经营的在穗高校毕业生。

补贴标准：按本市现行社会保险缴费基数下限和缴费比例，给予最长不超过3年的养老、失业、工伤、医疗和生育社会保险补贴（个人缴费部分由个人承担）。

5. 创业企业招用工补贴（穗人社发（2014）29 号文）

补贴对象：毕业学年起 3 年内在穗高校毕业生在本市自主创办的，且吸纳在穗应届高校毕业生就业，签订 1 年以上劳动合同并办理就业登记，依法参加社会保险的创业企业；毕业 2 年内本市生源高校毕业生在本市自主创办的，且吸纳毕业生 2 年内本市生源的高校毕业生就业，签订 1 年以上劳动合同并办理就业登记，依法参加社会保险的创业企业。

补贴标准：按本市现行社会保险缴费基数下限和缴费比例，依实际招用人数和所签劳动合同期限，给予最长不超过 3 年的养老、失业、工伤、医疗和生育社会保险补贴（个人缴费部分由个人承担）。

6. 岗位补贴（穗人社发（2014）29 号文）

补贴对象：毕业学年起 3 年内在穗高校毕业生自主创业及其招用并签订 1 年以上劳动合同的在穗应届的高校毕业生；毕业 2 年内本市生源高校毕业生在本市自主创办的企业吸纳，招用并签订 1 年以上劳动合同的毕业 2 年内的本市生源高校毕业生。

补贴标准：创业者及被招用人员给予每人每月 200 元的岗位补贴，根据劳动合同期限，补贴期限最长不超过 3 年。

7. 就业创业证发放（穗人社函（2015）1050 号）

对象范围：①在穗普通高等学校全日制学籍在校学生；②在穗普通高等学校全日制学籍应届高校毕业生。

材料：①本人户口簿原件及复印件、本人身份证原件及复印件、一寸彩照两张；②毕业证书或学校毕（肄、结）业证明原件和复印件、广州高校毕业生就业创业公共服务卡原件及复印件（毕业离校后高校毕业生提交）；③申请同意书（由高校开具）、学生证复印件（在校学生提交）。

创业人员要获得更全面、更系统的相关信息，可以登录当地政府的人力资源和社会保障部门网站，例如，登录广州市人力资源和社会保障局网站－政府信息公开－信息公开目录－部门文件－规范性文件栏目进行搜索。

8. 案例一　“兼职猫”创始人王锐旭：被总理夸奖过的 90 后创业者

比起“霸道总裁”余佳文、“只过 1%的生活”的陈安妮等备受媒体追捧的 90 后明星创业者，“兼职猫”的创始人王锐旭显然低调了很多。“兼职猫”是一个新创建的手机 App，是一个大学生兼职招聘平台。然而，这位去年毕业于广州中医药大学的创业者，却在 2015 年 1 月 27 日得到了国务院总理李克强的夸奖。

刚上大学的时候，王锐旭半个月就把一个月的生活费花掉了。然后，他打电话跟家里要钱，在电话中他感觉到了父母的失望。他便开始决定不再跟家里要钱了。于是，在接下来的时间里，王锐旭为了赚钱去做兼职、当保安、摆地摊，甚至当模特经纪人。经过不断努力，他创建了一个团队，这让他渐渐意识到，或许大学生兼职这个事情也可以做大。

2013 年 10 月，“兼职猫”的第一个版本上线；2014 年 4 月，“兼职猫”拿到创新谷的 100 万元天使投资，9 月完成第一轮融资。王锐旭说，目前“兼职猫”估值已经过亿。

现在，“兼职猫”已经覆盖全国 40 多个城市，拥有 100 多万学生用户和 3 万多企业用户。王锐旭说，“兼职猫”每天收到的岗位申请次数接近 1 万，申请成功率在 80%以上。“兼职猫”2015 年的目标是覆盖更多的城市，并会在各个城市组建团队。现在，“兼职猫”在长沙和武汉都有了自己的团队，北京的办公室也已经有了雏形。

分析：

大学生富有想象力和创造力，是创新创业的主要力量。就同这些“90 后”的年轻人一样，在实现梦想的过程中，可以帮助更多的人。

9. 案例二　20 余省鼓励大学生创业：休学创业学籍最长可保留 8 年

去年 5 月，国家有关部门专门发布了促进高校创新创业教育改革的文件，一年来，全国已有 20 多个省份出台了鼓励大学生创业的改革方案，这些省份明确支持实施弹性学制，允许大学生休学创业。在一些地方设计的方案中，大学生休学创业可保留学籍的年限被细化为 2 至 8 年不等。

记者统计，自国家层面下发文件以来，包括广西、北京、上海、福建、贵州、内蒙古等 20 多个省（市、自治区）已出台各地的高校创新创业教育改革方案。

这些方案中，广西、黑龙江、福建等一些省（市、自治区）进一步明确了大学生休学创业保留学籍的具体年限，这些地区规定的休学创业可保留学籍的年限不等，介于 2～8 年。其中，黑龙江规定，经高校评估后，大学生（研究生除外）休学创业学籍最长可保留 8 年。

分析：

国家在允许大学生休学创业的同时，如何培养大学生的创业能力，是当前中国高校面临的重要课题。大学生也应该在学业与创业之间找到平衡，充分利用各种优惠政策实现自己的追求，同时相关部门也要完善相应的管理体制和运行机制等。

10.案例三　李克强：让创业就业人员不再为一纸“证书”所困扰

“清理职业资格许可，与减少行政审批事项相辅相成，需要从全局角度考虑。”李克强总理在6月1日的国务院常务会议上强调。当天的常务会议决定再取消一批职业资格许可和认定事项，持续降低就业创业门槛。

“我们所说的供给侧结构性改革，就是要不断降低制度性交易成本，这样才能持续激发市场活力，有利于创新创业。”李克强说，“我们清理职业资格许可和认定事项的空间仍然很大，要持续不断地推进下去。”

当天会议决定，在继续取消职业资格的同时，公布实施国家职业资格目录清单：清单外一律不得许可和认定职业资格；清单内除准入类职业资格外一律不得与就业创业挂钩。

“我们一定要依法管住乱设职业资格的‘手’，真正建立起职业资格清单管理制度。”总理说，“要向社会公布，接受社会监督。”

“要让创业者、就业者和众多转岗人员今后心里踏实，不再为一纸‘证书’所困扰，切实让利于民。”李克强说。

分析：

在大众创业、万众创新的社会发展背景下，清理相应的职业资格许可和认定事项，可以取消掉一批市场主体创业兴业的“拦路虎”，不断降低就业创业门槛，减轻用人单位和人才负担，不断激发大学生创新创业活力得到激活。

（四）实践运用

1.实训项目

进一步健全“政府激励创业、社会支持创业、劳动者勇于创业”新机制，引领更多大学生自主创业，以创业带动就业。

2.操作方法

（1）实施大学生创业素质提升工程

①全面推进创新创业教育。

②大力加强创业培训（实训）。

③建立大学生创业辅导制度。

（2）实施大学生创业政策助推工程

①推进工商注册制度便利化。

②落实税费减免政策。

③完善创业金融服务。

④强化财政补贴支持。

⑤扶持大学生网络创业。

（3）实施创业服务优化工程

①健全完善公共创业服务体系。

②推进创业孵化基地建设。

③完善社会化创业服务功能。

（4）实施创业文化培育工程

①搭建创业项目交流对接平台。

②开展创业典型评选。

③组织创业宣传活动。

3.分析思考

深入贯彻落实党的十八届三中全会关于鼓励创业的部署精神，坚持政策引导与个人自主相结合、普遍支持与典型示范相结合，完善政策体系，培育创业精神，提升服务水平。

第四章　大学生创新创业教育环境与体系的构建

第一节　大学生创新创业教育环境建设

创业活动是变动、开放的系统实践活动，因此不仅需要培养、开发和打造内部结构要素，还需要培养外部结构的要素。创业活动的内部结构要素包括主体、客体和主客体矛盾等中介因素。外部结构是指外部环境，创业活动的外部环境主要是指社会环境因素。外部环境虽然不是创业活动的内在原因，但是由于创业活动的社会性和开放性，它必然受到来自环境的思想、制度和物质条件的影响。同时内部因素和外部因素也可以相互转化，外部因素一旦被纳入创业活动的过程，成为创业活动主体或主体的精神因素、创业活动的客体或者创业活动的中介就成为创业活动的内部因素。因此，外部环境往往对创业活动起着至关重要的作用。

要培养更多的创业人才，就需要高校按照《国务院办公厅关于深化高等学校创新、创业教育改革的实施意见》提出的理念做好创新、创业教育工作。做好创新、创业教育工作需要关注的问题包括加强创新、创业教育外部环境建设、构建创新、创业教育体系以及提高相关课程教师的素质。

一、改造社会思想文化土壤

社会思想文化土壤是一个民族的精神特质和文化氛围，无论是主体、客体还是中介因素，都是其组成部分。它是主体、客体和中介的社会规定性，即实践的内部结构和它的思想文化土壤具有同质性。因此一个民族的社会思想文化土壤是否蕴含着有利于创业的因素，对于一个民族的创业活动具有关键性的作用。

尽管世界文化正朝着全球化发展，但是人类文化还不可能实现同质化，不同民族和国家有着不同的文化，各国和各国人民之间的交往组成了一幅文化交流和碰撞的图景。在以其他文化为参照系的思维过程中，各国对于自己民族的文化有了更加清晰的认识。下面以中国文化和西方文化的对比为例，来分析一下不同的社会思想文化土壤对于创业活动以及创新、创业的不同影响。

中国传统文化以儒家为核心。孟子说：“尽其心者，知其性也，知其性，则知天矣。”这说明儒家的认识论是一种指向内心的认识论，儒家认为人的身心是顺应自然的，认识了心，也就知道了天、知道了自然，从而达到“天人合一”。如果把这种观点作为对于人的起源的理解，作为人对自然的一种尊重态度，无疑是有积极意义的。但是作为认识论的路线，它必然阻碍人类对于自然奥秘的探索，无法建立起关于自然的科学体系，更难在技术创新与创业活动中取得进展。冯友兰说："中国哲学家不需要科学的确实性，因为他们希望知道的只是他们自己。同样地，他们不需要科学的力量，因为他们希望征服的也只是他们自己。在道家看来，物质财富只能带来人心的混乱。在儒家看来，它虽然不像道家说的那么坏，可是也绝不是人类幸福中最本质的东西，那么科学还有什么用呢？"这种自然观和认识论的思想路线也影响了中国传统文化的历史观。既然通过内心的修养和探索，人可以达到完美的状态，与天相通，那就说明人的本性是善的，善的本性不需要被约束。"性善论"尽管也曾经遭遇过来自荀子等哲学家的挑战，但是依然在中国社会思想中居于统治地位。因此中国社会思想文化的另一个特点就是道德化和人治。以"仁心"治理天下，制度始终处于辅助的地位。《公羊传》中说："《春秋》为尊者讳，为亲者讳，为贤者讳。"《历代刑法志》又说："凡告父母者，不论其控告属实与否，均判以极刑。"这都说明道德始终处于居高临下的地位，在中国传统文化中，很难实现制度创新活动，更无法产生有利于创业活动的土壤。早熟的中国古代社会也使得中国传统思想文化带有血缘性和父权的特点。"传内不传外，传子不传女"的家族古训、"重农抑商"的国家政策，都有碍于创新、创业活动的开展。

西方文化和中国文化在共同的人性基础上，虽然有很多共通之处，但是也呈现了自己的特点。其中有很多有利于创新、创业活动的积极因素。"两千多年的西方文化，虽然观点纷呈，但都受柏拉图和亚里士多德的哲学学说的影响。亚里士多德和柏拉图的哲学倾向和观点有许多不同之处，但它们的基础和本质实际上是一致的，即都是要寻求本体，寻求万事万物的存在、认识及道德评判的先在之点。在什么是知识，怎样获得知识，我们通过什么渠道逐步认识和理解世界等问题上，他们都认为只有逻各斯才能真正获得真理。亚里士多德正是在柏拉图研究逻辑的基础上创立了三段论，把形式逻辑变成了一门独立的科学。他们共同为后世提供的并在西方哲学史上占了统治地位的一个公式是：理性→逻辑→本体。哲学的主体是理性，哲学的对象是本体，哲学的方法是逻辑论证。因此，他们把'真'看得高于一切。"这说明，西方传统文化的特点是人与自然对立的自然观、外求式的认识论、理性的思维特点和逻各斯的哲学方法。这些特点培养了主体的抽象思维能力和征服自然的科学探索精神，有利于建立系统的、超越经验科学的科学理论体系，有利于创新、创业活动的开展。中国哲学关于修身、养性、处理人与人之间关系的内容居多，西方哲学关于本体论、认识论和方法论方面的著作居多。此外，西方文化中的原罪说代表了西方人对于人性的基本看法，他们相信人的理性，但是认为人的本性是恶的，需要接受制度的约束。

社会思想文化土壤属于社会意识范畴，它是一种无形的、潜移默化的精神力量。它内在于主体，是主体的精神因素；它物化于客体，支撑着客体的风格和文化内涵；它集中表现于中介，规定着中介的精神实质。社会思想文化土壤是比较稳定的因素，但是，也不是不可以改变的因素。在中国近代史阶段，由于外敌入侵，我国人民开始学习西方的先进科学文化、将马克思主义确立为中国革命的指导思想，最终取得了伟大胜利。因此，在当今改革开放的时代，为了进一步推动创业活动的开展，促进社会的进步，我们应该打破不同文化之间的隔离，勇于学习有利于创新、创业的文化，积极吸收各种文化的营养元素，为我所用，改造自身的思想文化土壤，尊重知识、尊重学者，倡导创新、鼓励创业。随着“大众创业、万众创新”理念的提出、《国务院办公厅关于深化高等学校创新、创业教育改革的实施意见》等文件的发布，创新、创业观念逐步被全民所认可，从而产生更多积极的、有利于创新、创业教育的因素。

经济发达地区因地制宜，改造社会思想文化土壤，形成有利于创业的环境同样十分重要。2015 年 8 月发布的《江苏省政府关于进一步做好新形势下就业创业工作的实施意见》（苏政发〔2015〕90 号）指出：“积极推进大众创业。分类推进各类创业主体自主创业，重点实施大学生创业引领、农村创业富民、引进人才和留学回国人员创新、创业等计划，突出抓好创业能力提升、创业政策拓展、创业孵化推进和创业服务优化。鼓励城乡劳动者创业，吸引和集聚高层次人才到江苏创新、创业。大力发展创业空间，培育创业公共平台，构建一批低成本、便利化、全要素、开放式的创业载体，重点打造一批国家级和省级创业示范基地。”“营造大众创业氛围。支持举办创业训练营、创业创新大赛、创新成果和创业项目展示推介，继续办好江苏科技创业大赛、江苏省大学生创业大赛、江苏省青年创新、创业大赛、江苏创新、创业大赛海外人才专场暨人才项目对接交流大会、江苏中小企业创新、创业大赛等活动，搭建创业者交流平台，培育创业文化，支持公益创业，营造鼓励创业的良好社会氛围。大力培育企业家精神和创客文化，打造‘创业江苏’品牌。深化国家级创业型城市创建，持续推进省级创业型城市和示范城市创建工作，对政策落实好、创业环境优、工作成效显著的，按规定予以表彰。”这些规定对于推进当地的创业活动发挥了积极作用。

二、培植市场化的经济形式

创新、创业教育的外部环境除了社会思想文化土壤以外，还包括经济体制和政策体制，其中经济体制的作用更为重要。合适的经济体制不但可以直接推进创业活动，而且是改造社会思想文化土壤的有效途径。在人类历史上出现过的经济体制主要有三种：自然经济体制、市场经济体制和计划经济体制。不同的经济体制对于创新、创业活动的作用是不同的。在当代社会，经过不断发展可以确定市场经济体制最能促进创新、创业活动，提高创新、创业教育质量。

首先，我们来看自然经济和市场经济对于创新、创业活动的不同作用。在自然经济条件下，人们追求的是使用价值，以满足自身的直接需要。当产品的使用价值满足了人们的衣、食、住、行等具体需要之后，生产就失去了内在动力。但是在商品经济和市场经济条件下，人们追求的是价值，它不是为了满足人的具体需要，而是为了获得具有一般意义的需要的满足，即获得一般等价物——货币。货币可以和一切商品交换的价值本性驱使市场经济遵循资本的逻辑，降低成本，不断追求剩余价值。为了达到这个目的，科学、技术、管理、教育等一切可以利用的东西都成为经济主体创造剩余价值的手段，创业活动也随之风起云涌。这在客观上提高了主体的创新、创业活动能力，促进了科学和其他社会意识形态的发展。创业活动不仅缩短了科学技术成果向具体的、实用的产品转化的时间，还提高了企业和社会的组织管理水平。因此相对于自然经济体制，市场经济体制是更适合创新、创业活动的经济形式。

其次，市场经济和计划经济体制对于创新、创业活动的作用不同。计划经济其实是马克思所设想的未来共产主义社会的经济形式。马克思设想社会主义革命同时在多个发达国家取得成功，国家实现公有制，并按照社会需要统一安排生产和分配。但是社会主义革命的历史事实却相反在作为资本主义最薄弱环节的俄国首先取得了胜利，列宁的“一国胜利论”创造性地为社会主义发展打开了一个缺口。随后中国、东欧等国家都相继建立了社会主义制度并实行计划经济体制。如果说马克思所设想的资本主义进入共产主义社会的具体步骤发生了变化，那么在资本主义经济没有得到充分发展的社会主义国家实行计划经济体制就是一个基本理论的变化。一个国家，如果没有发达的生产力、完善的制度基础和自由而全面发展的主体条件，就建立计划经济体制虽然可以在特定时期内实现集中力量进行创业活动的目的，但是从长期来看，必然使创新、创业活动失去群众基础，失去动力。创新、创业活动是一个充满风险和长期的实践活动过程，它的原始动力是人的需要。在生产力不发达、经济发展无法满足人们日益增长的物质、精神需要的情况下，主体创新、创业活动最切实的动力是解决这个矛盾，而不是行政命令。我国在社会主义的实践中逐步认识到了这个真理，参考西方市场经济的经验和教训，提出了建设社会主义市场经济体制的发展目标。社会主义市场经济体制的最大特点就是在以市场为基础的前提下，充分发挥社会主义国家宏观调控的优势，使两种经济手段相互补充，相得益彰。

当前我国的市场经济体制才刚刚建立，存在着很多不利于创新、创业活动和社会发展的情况，需要不断地发展和完善。因此，经济领域的创新、创业活动和与之密切相关的社会发展的过程，就是国家和企业共同努力完善市场经济体制，建立利益回报、风险补偿和价格机制，规范政府行为，不断提高市场对创新、创业活动的刺激程度的过程。

作为中国经济发展的先进地区，江苏省就采取了行之有效的手段培育有利于创业的市场规则。《江苏省政府关于进一步做好新形势下就业创业工作的实施意见》（苏政发〔2015〕90号）指出："优化创业创新环境。深化商事制度改革，全面推行工商营业执照、组织机构代码证、税务登记证'三证合一'，逐步统一社会信用代码，实现'一照一码'。继续优化登记方式，各地可结合实际放宽新注册企业场所登记条件限制，推动'一址多照''一照多址'集群注册等住所登记改革，分行业、分业态释放住所资源。优化工商注册流程，实现网上办理名称核准、网上预审登记、网上核准登记，推进全程电子化登记管理。运用大数据加强对市场主体的服务和监管。依托企业信用信息公示系统，实现政策集中公示、扶持申请导航、享受扶持信息公示。全面取消非行政许可审批事项，再取消下放一批制约经济发展、束缚企业活力的行政许可事项，大力清理行政审批事项，大幅减少投资项目前置审批。进一步规范审批行为，推广'一个窗口'受理、网上并联审批等方式。"

培植市场化的经济形式不仅体现为简化手续，还表现为引导高素质的人员投身创业活动。对此，《江苏省政府关于进一步做好新形势下就业创业工作的实施意见》（苏政发〔2015〕90号）指出："鼓励科技人员创业。支持高校、科研院所等事业单位专业技术人员在职创业、离岗创业，对于离岗创业的，经原单位同意，可在3年内保留人事关系，与原单位其他在岗人员同等享有参加职称评聘、岗位等级晋升和社会保险等方面的权利。原单位应当根据专业技术人员创业的实际情况，与其签订或变更聘用合同，明确权利义务。鼓励利用财政性资金设立的科研机构、普通高校、职业院校，通过合作实施、转让、许可和投资等方式，向高校毕业生创设的小微企业优先转移科技成果。完善科技人员创业股权激励政策，放宽股权奖励、股权出售的企业设立年限和盈利水平限制。"

三、扩大国家对创新、创业活动的投入

国家投入是创新、创业活动的政策环境。政治是经济的集中体现，政治上层建筑的核心是国家，国家在政策上的倾向就代表了国家可控经济资源、制度资源、知识资源和人力资源的流向。因此国家投入是创新、创业活动重要的环境因素，它为创业活动提供最直接的人力、物力和财力的支持。虽然它没有直接介入创新、创业活动本身，但却在一定程度上决定了创新、创业活动的成败。国家在创新、创业活动中的投入包括两个方面的内容：一是国家投入多少的问题，即创新、创业活动投入与其他投入的比例关系；二是国家如何投入的问题，即国家投入在创业活动各个领域中的比例关系。

国家投入的关键问题是国家对创新、创业活动投入如何实现的问题。中国作为一个发展中国家，原本的经济基础是以农业为主的自然经济；中华人民共和国成立后，为了实现经济独立和现代化，开始大力发展工业经济；目前知识经济初现端倪，并代表未来的发展方向，中国也开始发展自己的第三产业，尤其是高科技产业和文化产业。可以说中国生产力的特点仍然是多层次性，经济从二元格局转变为三元格局，因此，距离在国内生产总值中高科技产业创造的产值占到国内生产总值（GDP）的50%以上的知识经济的指标还比较遥远。但是知识经济作为后工业经济时代的经济模式是针对工业经济的弊端提出的解决方案。工业经济利用强大的生产力不断索取自然资源，造成自然资源短缺和环境等问题。在知识经济中，知识取代自然资源成为第一位的经济要素，知识经济不是不要物质，而是利用高科技找到节约资源的新方法，开发可再生的资源，从而达到既满足人类需要、又节约资源的目的，用最小的成本获得最大的利润。现今知识经济的支撑是知识、技术和组织管理制度的创业活动。这个经济理念和经济模式无疑对中国的经济和社会发展具有指导意义，也是中国经济未来发展的方向。

农业是一个国家的基础性产业，中国农业的情况是生产力低下，耗费了大量的人力和物力。虽然国家每年都对农业投入大量资金，但是中国的农业发展仍然比较缓慢，而且影响到中国的城市化进程。农业、农村、农民这一三农问题一直是困扰中国经济学家和中国政府的问题。为了解决这个问题，知识经济的理念提供了很好的启示：依靠创新、创业活动。每年农民在土地上的重复劳动，国家对农业的常规投入，都不能在根本上解决问题。必须依靠科学技术，在质上改变农业基础设施的面貌，提高农业生产力；必须依靠制度鼓励农民创业，彻底提高农村的创业水平；增加对农民子弟的教育投入，彻底改变农村愚昧落后的文化面貌，提高农民自身的创业活动能力。对于工业和服务业领域，同样可以通过减免税收政策，鼓励民营中小企业开展创业活动。通过创业实现提供更多就业岗位、发展区域经济的目标。

中国是一个发展中国家，资金短缺、制度短缺、人才短缺，因此在国家投入的选择上困难重重。但是有一点我们不能短缺，那就是培养创新、创业活动的意识。要想实现国家的现代化，使经济、政治和文化健康地发展，社会和谐统一，国家就要有意识地逐步加大对创新、创业教育的投入，提高全民创新、创业活动的能力。

《江苏省政府关于进一步做好新形势下就业创业工作的实施意见》（苏政发〔2015〕90号）指出："完善就业创业服务体系。健全覆盖城乡的公共就业创业服务体系，提高服务均等化、标准化和专业化水平。强化公共创业服务，充分发挥公共就业服务、中小企业服务、高校毕业生就业指导、残疾人就业服务等机构的作用，为创业者提供项目开发、开业指导、融资服务、跟踪扶持等服务。将职业介绍补贴和扶持公共就业服务补助合并调整为就业创业服务补贴。加强公共就业创业服务能力建设，创新就业创业服务供给模式，有计划、按步骤地推进购买基本就业创业服务工作。建立政府支持、企业与个人开发、市场运作的创业项目评估和推介机制，集成创业项目库和创业成功案例库。每年遴选500个大学生优秀创业项目，给予资金支持和全程服务。”“强化职业培训和创业培训。顺应产业结构调整迈向中高端水平、缓解就业结构性矛盾的需求，优化高校学科专业结构，加快发展现代职业教育，大规模开展职业培训，加大创业培训力度，把创新、创业课程纳入国民教育体系。重点实施农民工职业技能提升和失业人员转业转岗培训，支持企业开展新型学徒制培训。按照同类工种、同一等级、同等补贴的原则，健全以获取国家职业资格证书和专项能力证书为主要评价依据的政府购买培训成果机制，为城乡劳动者提供普惠同等的培训补贴。对参加紧缺型高技能人才培训并取得相应职业资格证书的，给予培训补贴。对技师学院高级工班、预备技师班、特殊教育院校职业教育类的毕业生以及在各大高校学习的台湾、香港、澳门毕业生参加创业培训的，比照本地高校毕业生相关规定，给予职业培训补贴。推进职业资格管理改革，推动形成劳动、技能等要素按贡献参与分配的机制。”

第二节　大学生创新创业教育体系的构建

《国务院办公厅关于深化高等学校创新、创业教育改革的实施意见》（国办发〔2015〕36号）文件指出：“深化高等学校创新、创业教育改革，是国家实施创新驱动发展战略、促进经济提质增效升级的迫切需要，是推进高等教育综合改革、促进高校毕业生更高质量创业就业的重要举措。党的十八大对创新、创业人才培养做出重要部署，国务院对加强创新、创业教育提出明确要求。近年来，高校创新、创业教育不断加强，取得了积极进展，对提高高等教育质量、促进学生全面发展、推动毕业生创业就业、服务国家现代化建设发挥了重要作用。”

该文件从完善人才培养质量标准、创新人才培养机制，健全创新、创业教育课程体系，改革教学方法和考核方式，强化创新、创业实践，改革教学和学籍管理制度，加强教师创新、创业教育教学能力建设，改进学生创业指导服务，完善创新、创业资金支持和政策保障体系九个方面提出了具体的工作思路指导。然而，必须看到的是，当前中国高校创新、创业教育发展还很不均衡。正如文件指出的：“但也存在一些不容忽视的突出问题，主要是一些地方和高校重视不够，创新、创业教育理念滞后，与专业教育结合不紧，与实践脱节；教师开展创新、创业教育的意识和能力欠缺，教学方式方法单一，针对性实效性不强；实践平台短缺，指导帮扶不到位，创新、创业教育体系亟待健全。”

要改变这一局面，构建学校创新、创业教育体系就显得十分必要。下面重点探讨构建创新、创业教育体系需要注意的原则和具体对策。

一、构建创新、创业教育体系的原则

构建学校创新、创业教育体系是一个系统的过程，在开展创新、创业教育过程中，还是有一些原则需要遵循的，其中比较典型的原则如下。

（一）科学性原则

创业活动是一种典型的创造性解决问题的工作，是人类创造力的集中体现。有人认为创业活动与科学原理关系不大，事实上，这种观点是不正确的，在人类解决问题的过程中，科学是任何环节都不可缺少的。科学性原则是包括创新、创业活动在内的创造性解决问题活动的第一原则，创新、创业教育作为创新、创业活动的组成部分也不例外。

在创新、创业教育活动中，科学性原则主要体现在以下几个方面。

首先，创新、创业活动和创新、创业教育工作中所涉及的原理必须是科学的。创新、创业活动可能依托于产品，可能依托于技术，还可能依托于服务。但是，不论何种形式的创业，都必须符合事物发展的客观规律。试想一个创业者如果把自己的创业目标定位为发明和生产永动机，其成功的可能性就可想而知了。不仅如此，创业的主体活动是商业活动，要保证商业活动的“科学性”，就需要规避国家法律不允许经营的领域，杜绝国家法律不允许使用的经营手段，遵循市场的经营规律，只有这样才能保证商业活动的健康发展。一些创业者在创新、创业工作中偷税、漏税，甚至个别人置国家法律、法规于不顾，实施制假售假、组织非法传销、囤积居奇、哄抬物价等活动。这种违反科学性原则的做法，必将导致创业的失败。创新、创业教育必须坚持科学原则，把学生培养成有社会责任感的人，而不是投机分子。这样，学生未来投身创业后，才会成为对社会有用的人。

其次，创新、创业活动和创新、创业教育工作的决策应该是科学。有人曾经说：在创业成功者中，经历、学识差异很大，但有两点却很相似：一是家庭和睦，二是都善于打牌。初听起来，这种观点可能并不正确。但仔细分析却会发现，家庭和睦是创业中应对困难的精神支柱。而实际上在打牌的过程中，人们要不断进行判断决策。创业过程中决策是不可或缺的。在决策过程中，要对目前掌握的信息进行分析判断。现代社会中的人类活动趋向于复杂化，经济活动中涉及的信息越来越庞杂，仅仅靠个人经验进行判断显然是不行的。要更好地对信息进行处理，就要熟练地运用统计学的知识。只有完成了对信息的处理、分析，决策工作才会顺利进行，要实施决策就需要提出一系列备选方案进行权衡、比较，而没有现代管理学知识，备选方案的设计、权衡和比较也将无法进行。因此，方案决策必须以科学为基础。学校开展创新、创业教育工作，要坚持科学决策，一些高校把创业教育单纯理解为鼓励学生开公司、出数字，导致一些没有受过系统教育的学生仓促上阵，结果只能导致失败。

再次，创新、创业活动和创新、创业教育工作的计划安排应当是科学的。一个好的方案，如果没有具体的规划，将不可能得到实施。任何方案确定之后，都需要制订周密的实施计划，要分析清楚计划的关键环节在哪里？哪些工作是后续工作不可或缺的基础？哪些工作可以平行进行？哪些工作必须按先后顺序执行？在保证完成工作计划、达到工作目标的基础上，制订最好的、可供执行的计划是计划安排的目的。要达到这一目的，活动的计划安排也应当是科学的。开展创新、创业教育工作，如果没有一个有针对性的、系统的计划，就很可能会照抄照搬其他先进学校的经验，出现“邯郸学步”的笑话。

最后，创新、创业活动和创新、创业教育工作的实施过程是科学的。有了计划就需要具体的实施，而实施过程中，保证计划在实施中的执行效果和面对计划以外问题的及时处理措施是实施工作过程中的两个关键环节。要保证计划的执行效果，首先要有科学的工作态度，实施工作的负责人要分清楚哪些工作是必须执行、不能变通的，哪些工作是自己有权决定的。面对问题，实施工作的负责人要首先判断当前所面临问题的性质。分清问题是自己可以做决定的，还是需要向上级或决策者反馈的。做出这些判断的基础归根到底还是科学原理。如果在创新、创业教育实施工作中不考虑课程的特殊性，而用传统教学的尺度去衡量，很可能会违反创新、创业教育规律，把创新、创业教育引入歧途。

（二）有限理性支配下的简单性原则

创新、创业活动是一项不可完全模仿和复制的工作，需要创业者进行理性的思考与判断，而人类所能够思考的范围是有限的。这时候，人类就要进行有限理性的思考，而在有限理性支配下的创业就会选择简单性原则。高校开展创新、创业教育工作同样要坚持这一原则。

假设一个数学家开车到闹市附近去办事，就会涉及寻找停车场的问题。他可能希望停车场离办事地方近些，但又不要太拥挤，另外，收费标准越低越好。从绝对的理性出发，就是要找出一个停车场的地点与收费价格之间的最佳关系；西方经济学理论用边际效用理论予以解释，即假定决策者愿意按一定比例，交换不同方面的增量；例如，停车场与办事地点之间的距离每变化 100 米，相当于拥挤程度减少若干，或等价于停车费减少若干。

实际上，无论多么精明的数学家，都不会进行上述计算和比较的，因为在大多数情况下，人更喜欢简单化。这就是所谓有限理性支配下的简单性原则。

有限理性说强调理性活动者思考、推理、计算和认知能力的局限性，完整地说，就是决策者面临复杂的外界环境，在自身认知能力限度的限制下，力图达到一定目的的行为风范。

创业活动正是有限理性说的重要表现形式。在创业活动中，人们既能看到创业者对外部环境的适应，又要看到创业者技能局限性对适应过程的意义。有限理性说为创业者制订有效的决策、设计和规划提供了规定性的原则。因此，“寻求满意”的原则（简称“满意原则”）已经成为创业领域中最重要的原则之一。而要寻求满意的结果就需要人们对问题进行简化。因此，努力使问题简单化和寻求满意的结果是有限理性支配下的人类活动的必然选择。这一点对于创业活动来说表现得更加突出。

在创新、创业教育活动中应用简单性原则的原因主要有以下几种。

第一，难以求得理论最佳结果是创新、创业教育工作应用简单性原则的客观原因。

在创业过程中，创业目标能否实现的重要条件是创业方案是否可行。创业方案的可行性是在设计创业实施方案过程中实现简单性原则的前提和基础。创业中的优化工作按任务目标分类一般可分为单目标设计和多目标设计。所谓单目标优化是指需要解决问题的中心目标是单一的优化设计问题。所谓多目标优化是指需要解决问题的目标是多个或多个目标重要程度基本相当，必须全面考虑。创业活动中是以实现目的为表现形式的工作，一般是多目标优化问题，优化是贯穿在创业者创业活动始终的一个过程。

“最优化”是典型数学的概念，在创业活动中实现“最优化”就是实现理论上的最佳，创业活动中绝对最优化是不存在的。为了分析这一问题，下面将以一个单目标优化问题为例分析理论最佳的不可获得性。

表 4-1 各城市之间的距离（单位：千米）

	甲	乙	丙	丁	戊
甲	—	250	1450	1700	3000
乙	250	—	1200	1500	2900
丙	1450	1200	—	1600	3300
丁	1700	1500	1600	—	1700
戊	3000	2900	3300	1700	—

要设计一条十分路线让推销员沿此路线走过数目及地理位置均已给定的几个城市，且所经过的路程最短。这就是有名的推销员问题。假设几个城市的相对距离如表 4-1 所示，推销员从甲城出发。

对于这个问题，有一个直截了当的优化方法，即计算所有可能路线，取其路线最短者。

由于现在有5个城市，我们就必须计算5120条路线的长度。比如，我们先算出“甲－戊－丁－乙－丙－甲”路线长度为8850千米，但这不一定是最优解；再算“甲－乙－丙－丁－戊－甲”路线长度为7750千米，显然优于前者，但也不一定是最短路线。要想用这种方法找到最优解，只能把所有路线进行计算和比较。这个问题的特点是，当城市数目相当多时，可能路线的数目将迅速增长。例如，当城市数目增加到10个时，其组合路线为3628800条；当城市数目增至50个时，其组合路线为503.04×1064条。这种现象称为“组合爆炸”。假定我们算出每条路线的长度并同前次计算结果相比较、删去其中较大者，仅需用万分之一秒，那也要用9.64×1052年才能算完，这等于说是根本没法算完。对于这类组合爆炸的问题，巧妙的优化法也无能为力了。

创新、创业教育很难模拟创新尤其是创业活动的全过程，因此，选择简单性原则，用简化的模型、案例开展教学是一项有效手段。

第二，思维习惯性是创新、创业教育工作中应用简单性原则的认知原因。

环境心理学在研究行为性时发现，人有“走捷径”的行为习惯。同样，在思维中也存在着“走捷径”的习惯，通过简洁的思维过程一下子得到思维结果，就是以长期经验积累为基础形成的经验直觉。这种经验直觉在大多数情况下是能够保证思维结果的正确性的。正是这种既简单又省力的过程，结果基本正确的价值判断成为创新、创业教育工作中应用简单性原则的认知原因。确定何者第一、何者第二的过程，实际上是对一个复杂问题进行简单性判断的过程；因此，简单性原则成为优化的外在表现形式。

在理想条件下，人类的整个思维过程完全是具有理性的。在具体的创业实践活动中，涉及的与创业决策相关的主、客观因素很多；在参与判断的主、客观因素中，有可量化但难以计算的，也有不可量化的。对于这类情况的处理，就只能借助创业者的经验使用简单性原则进行判断。因此，在诸多因素的影响下，创业者很难完全按照理性思维解决问题。在此情况下，创业者的由习惯性思维所引起的简单性判断作用更大。所谓习惯性思维就是由于外界环境的影响，创业者根据个人的知识积累和经验，对具体问题做出判断的思维方式。由于这种思维是受创业者固有的思维习惯影响的，因此，被称为习惯性思维。习惯性思维所反映出的思维特点可以被称为“思维的习惯性”，“思维的习惯性”决定了简单性原则成为创新、创业教育工作原则的原因。

由于思维习惯性的存在，创业者很难获得综合的、一致的效用函数。它对备选方案的价值考虑是受到注意力支配的，注意力的影响决定了创业者考虑范围的简单化。当创业者对创业中的问题进行分析时，创业者的价值考虑将集中在当前所面临的基本问题上；创业者的思维空间就被限制在待解问题系统这一有限范围内，就不可能把待解问题系统之外的其他相关需求都同时加以考虑。即使同时存在多种需要，也要首先顾及其中最迫切的问题；有时由于条件过于复杂，甚至只重点考虑核心的需求目标。因此，创业者对备选方案的优劣衡量，不是依照某个囊括全部价值的效用函数，而是一个遵循简单性原则的部分的效用函数。

由于思维习惯性的存在，创业者根本不可能真正寻找一切备选方案。在决策过程中，他们往往只考虑与做抉择最有关系的少数方案，这便形成了方案选择上的简单性。同某一事物有关的其他事物，尽管从原理上讲是极其大量的，但由于使用了简单性原则，人们只考虑其中的少数几件，而把其中大部分忽略掉了。比如，一个人在决定花钱买车时，考虑到的备选方案可能只限于购买本地区某几家商场里的某几种车，尽管他做抉择的客观环境还包括其他地区的另外一些车，甚至包括把这笔买车钱花到其他用场上。

由于思维习惯性的存在，创业者在做任何决策时，即使在进行重要决策时，也很难把一切可能后果都认真考察一番。实际上，创业者只是对备选方案的后果有着一般的了解；他可能会对一两个重要后果认真地加以思考，但他决不会思考其余的无数可能后果；也可以说创业者不可能对诸多复杂因素一一考虑。世界上的事物之间的联系，原则上讲是普遍的，但人们在实际思考时，只考虑很少的几个主要联系，这便形成了决策方案制订上的简单性。由于思维习惯性的存在，创业者会主动寻求简单。因为创业者尽可能不同复杂性情况（通过优化方法实现简化）打交道，由于没有一致的效用函数，不考虑一切备选策略，也不考虑每个策略所可能导致的一切事件；所以，创业者在不同时期所做的决策，很可能是不一致的。从连续推移的时间上看，即使侥幸获得“此时”之“最优”，等到“彼时”来看，很难仍是“最优”的了。所以，“最优”概念本身，对于受“思维习惯性”影响的创业者来说，是很成问题的。放弃“最优”，选择“次优”，思维习惯性影响下的创业者思维活动体现出的正是典型的简单性原则。放弃“最优”，选择“次优”，教育者就实现了优化与简单性在创新、创业教育工作中的统一。

第三，目标性是创新、创业教育工作中应用简单性原则的动机原因。

创新、创业教育领域中的工作往往以完成某一特定任务为目标，相当一部分工作几乎没有任何重复性；随着特定终极目标的实现，工作即告一段落或完成。工作任务的一次性、非重复性决定了每次活动必须根据需要因时因地按目标要求、环境情况、当时的技术条件进行工作。具体的创新、创业教育的设计与实施是一种具体教学目的性条件下的活动，教育者由于受教学条件的影响，在选择方案时就会自觉以实际情况为标准选择最适合教学的方案（即从经济角度出发的最简方案）；因此，教育工作者思考时不可避免地带有目标性倾向，对目标实施条件进行选择与简化也就不可避免。这时，简单性原则就成为工作的首选思想原则。

对于创新、创业教育工作中的具体项目和课程教学任务，在完成任务的时间、资金、人力、物力等方面都有要求；这就决定了实施方案设计不可能完全是理论上的设计，设计中常常出现为了完成任务而不得不进行设计调整的现象。这种调整是为了满足上述时间、资金、人力、物力等功利性要求而做的，调整后的设计内容就不可避免地带有以完成上级教学要求为目的的功利性色彩。在功利性的驱使下，教育工作者在进行设计决策时往往由于条件所限而主动或被动地放弃了对全部可行设计方案的考察；进而依据简单性原则遴选出部分设计方案进行优化。事实上，创新、创业教育工作中的方案决策实际上是教育工作者在相对功利性条件下进行的；创业的重要目的之一就是实现利润最大化，即在完成任务的前提下实现成本最小；成本最小的实质就是使总资本投入最小。实现总资本投入最小的过程，实际上就是一个协调总资本投入中各类资本投入比例关系的过程。显然要达到这一要求就必须建立一组关系函数。虽然主要变量只有两个（“物量资本”和“人力资本”），但两者又都受许多因素的制约，因此很难建立或构造出一组理想的、能够全面反映各种因素的关系函数。建立或构造出的关系函数往往是忽略一些次要条件的结果，这一点是完全符合简单性原则的。最优化结果求解的困难，导致选择“次优化方案”的使用正是功利性因素作用的结果，教育工作者在传播这一理念的同时，也正是强化简单性原则在创新、创业教育工作中作用的体现。

在创新、创业教育决策中的另一种目标性倾向就是追求最终效果的“最佳”。效果“最佳”往往与实施过程的学校的固有规定、教学条件相矛盾。而在以教学活动为代表的工作中，不能在工作中创业是教育工作者不可侵犯的准则。在功利性原则的支配下，方案设计者往往采取在不违反学校固有规定和标准的前提下降低教学效果的办法。

第四，寻求满意解是创新、创业教育工作中应用简单性原则的技术原因。对于一个具体的问题而言，整个问题中的评价、选择工作，不可能完全用优化方法来完成，其中大部分工作要用次优化方法来完成（即寻求满意解），以寻求满意解作为完成任务、实现目标的技术手段正是简单性原则的体现。

在数学优化理论中，问题的解有三种类型：最优解、满意解、可行解。最优解是求解数学模型得出“解集”中的“最佳值”，是一种很好地达到解决问题全部要求却很难在现实生活中实现的“理想状态”，教育工作者在创新、创业教育工作中基本难以采用。可行解是求解数学模型得出的“解集”。由于“可行解”中包括一些“极差值”，它是一种只能达到基本要求的“临界状态”，教育工作者在创新、创业教育工作中也基本不会采用。满意解是求解数学模型得出“解集”中的“中间值”，是一种较好地达到解决问题全部要求的“惯常状态”，教育工作者在创新、创业教育工作中会常常采用。因此，教育工作者在确定方案时，就会在“可行解”中寻找“满意解”。现实世界中各种条件相互制约，不可能使全部条件均达到“最佳”；因此，寻找“满意解”只能实现目标条件大体上的“满意”。这里提出的满意原则是指在工作中实现其总体目标，“满意”的概念不同于日常习惯上的满意，它是一个数学意义上的“满意”。

教育工作者的功利性思想决定了创新、创业教育工作过程就是寻求解决问题方案满意解的过程。寻求满意解，意味着寻求在当时看来比较满意的解决问题方案。这个方案通常是经过逐步搜索而构造出来的。寻求满意解的教育工作者通常不是先把一个个方案构造出来，然后从中挑选；而是先构造一个方案，看看满意不满意。如果是满意解，就停止搜索；如果不是满意解，再构造下一个方案。如果找到了许多方案，都不能令其满意，就会降低自己的满意解标准。满意解标准的出现实际上就是放弃了复杂性原则而选择了简单性原则。显然，寻求满意解的过程是一个考察方案的过程；寻求满意的教育工作者的最后选择往往取决于教育工作者构造方案的顺序。比如，假设甲方案比乙方案更好，但两者皆达到了满意解标准（欲望），这时，先构造了哪个方案（如甲），哪个方案就被接受了；决策者不再继续构造其他方案（如乙）。

在具体的寻求满意解的过程中，先根据产生欲望并以境况优劣程度来调整欲望水平的机制，来确定什么是“满意解”或“好”；然后寻找备选方案，直至找到一个“足够好”的方案为止。这个原则对设计解决问题的方案模型和思维模型的工作提出了一个要求：所设计的方案模型和思维模型应当是符合简单性原则和满意原则的模型，它应当体现这样一种机制，使人在无法完全了解复杂事物的情况下，仍能处理复杂事物（用简单性原则处理复杂事物）。由于在复杂世界里，备选方案不是给定的，而是必须去寻找；又因为备选方案不是只有一、两个或有限多个（从本质上说有无穷多个）；因此，根据满意原则，教育工作者通过将简单性原则引入思维过程，避免了试图在真实世界里寻求最优的困难。寻找、评价和比较无穷无尽的备选方案，避免了思考、策划过程进入永无止境的恶性循环。满意原则提供了现实的终止判据，即一旦找到足够好的备选方案，便停止思索，告一段落。因此，满意原则是简单性原则在创新、创业教育工作中得以实现的载体。

创业活动虽然具有复杂性和非线性的特征，但是由于理论上的最佳结果难以实现的客观原因以及思维习惯性、功利性思维和满意原则的存在，教育工作者为了实现教学目标，总试图在一定范围内将复杂变成简单，将非线性转化为线性。在这个以简单性为原则的转变中，理论上的最佳结果难以实现的事实是基础，功利性思维是动机，思维习惯性是转换的辅助力量，寻求满意解是外化表现形式。

二、构建创新、创业教育体系的对策

创新、创业教育工作目标就是在教给学生创新、创业知识的同时，培养学生的实践能力，提高其综合能力。相关人员认为完成这个任务的关键是建立有特色的创新、创业教育体系，而开发一体化体系是构建学生创新、创业教育体系的有效途径之一。

（一）构建一体化课程促进创新、创业教育工作

所谓一体化课程，就是将当代大学生所需要的创新、创业能力作为一个系统去考量，而后设计一个前后关联紧密的课程体系。目前，创新、创业教育基本上是以讲座、公共选修课形式实现的活动，因此，结合创新、创业教育工作，实施教学内容整合，把相对松散的讲座和公共选修课整合起来，开发一体化课程工作是切实可行的。开发创新、创业教育一体化课程时应当关注如下三个方面的问题。

第一，在创新、创业教育一体化课程过程中，要对与学生创新、创业能力培养密切相关而专业课程又很少涉及的观察能力、想象能力、联想能力加强训练，培养学生的逆向思维、发散思维，提高学生的思维灵活性；营造有利于激发学生潜能的心理环境，促进大学生利用类比、举一反三，拓展思路，同时提高学生思维的系统性，从而全面提高大学生的综合素质和能力。

第二，开发创新、创业教育一体化课程的目标，是使学生可以树立正确的理想，善于独立思考，拥有自己独到的、有创新性的观点，并能够轻松表达思想，为未来的工作服务。因此，教育目标应定位在培养学生应用能力上。教师应重点培养和激发学生的学习兴趣，进而帮助不同基础的学生发现自身不足，并从方向上和方法上引导大学生去查资料，补充其参与科普活动所欠缺的知识。同时，教师还应鼓励大学生积极参与活动、大胆地展示自己的才华和学习成果。

第三，在教学中激发学生的参与意识是促进学生能力逐步提升的关键。兴趣是最好的老师，教师在教学过程中首先要培养大学生参与活动的兴趣。因此，教师应该以一个组织者和学生朋友的身份进入教学环节，减少学生的压力，鼓励学生大胆发表个人观点。不仅如此，教师还应该运用多种教学手段和方法（如多媒体教学、案例教学、头脑风暴法等）尽可能多地为学生创造实践、展示的机会，鼓励学生大胆地设想、实践。

如何在教学中更好地保证学生学习到与未来创新、创业相关的知识和能力？其中建立创新、创业教育一体化课程计划是关键，也是实现创新、创业教育工作从“是什么”向“怎么

做”方向转变的有效途径。创新、创业教育一体化课程是培养当代大学生创新、创业能力的系统方法。一般来说，创新、创业教育一体化课程计划应当具有以下重要特征：首先，创新、创业教育一体化课程计划是围绕当代大学生创新、创业知识能力体系进行组织的，但需要重新调整教学计划，促使创新、创业人才培养目标要求的各种能力之间进行有机联系和相互支持，而不是各自分离和独立。其次，创新、创业教育一体化课程计划将创新、创业实践活动中涉及的各种能力进行有机结合，使其形成相互支持的课程体系，减少专业学科知识与创新、创业能力培养之间可能出现的矛盾。最后，在创新、创业教育一体化课程计划中，每个选修课或讲座都应当明确规定关于创新、创业人才能力的学习效果，以便为学生将来自我学习打下良好的基础。创新、创业教育一体化课程计划形成一个总体效果大于各部分相加的教育系统。这个教育系统由相互联系的各种元素的协调构造而成，每一元素都有各自明确的功能，所有的元素共同作用，以确保学生达到专业所设定的预期学习效果。

创新、创业教育一体化课程计划是通过与本科必修课教学基础相结合，培养大学生创新、创业能力的系统性方法。当创新、创业课程的有关内容和学习效果之间具有明确的联系时，创新、创业能力应是可以相互支撑的。一个明确的计划可以使教育者将当代大学生的创新、创业能力培养工作进行整合。

构建创新、创业教育一体化课程计划有实践上和教学上两方面的原因。实际上，我们只能重新分配可用的时间和资源。传统本科课程计划很难增加创新、创业教育的内容或时间，特别是当预期学习效果超出学科核心内容时，学生每学期需要完成相应的课程任务，而教学计划难以拓展学生的经验。因此，在构建创新、创业教育一体化课程计划时，必须能够使能力和学科知识得到同时的发展。

创新、创业教育教师要在提高学生的学习效果方面扮演重要的角色。如果教师确信创新、创业教育工作进行的能力培养是重要的，他们就会在创新、创业课程中将这些能力和创新、创业课程的学习效果结合起来。此时，当他们讲解这些能力时，学生就可以在课程结束后的实践活动中培养这些能力。关键是教师要向学生说明创新、创业能力在未来创新、创业实践中的重要性和合理性。

创新、创业教育一体化课程应具备以下特征：首先，专业学习效果会系统地渗透到教育的每个环节的学习效果中。其次，教育系统的各个环节规定了它们如何相互支持学科基础知识的学习，并具体说明了如何使个人创新、创业能力达到预期的水平。最后，创新、创业教育一体化课程计划的设计是由全体参与创新、创业教育的教师认可并认真实施的一个确切的计划。这一点对创新、创业教育一体化课程计划的成功执行至关重要，因为教育是由整个教学领导层主导并且由具体教师去执行的，因此，全体参与创新、创业教育教师达成一致非常重要。

在对创新、创业教育一体化课程计划进行设计时，有一点很重要，就是要意识到每个教师对某一创新、创业能力作为创新、创业教育一体化课程计划一部分的作用和地位可能会有不同的理解。有些教师认为这些能力是次要的，应该和教学内容分开，所以他们可能不愿意将这些能力整合到其教学计划中去。而对能力和学科内容在认识上的关系将影响教师对创新、创业教育一体化课程计划设计的看法。当教师对基本能力的目的和地位有不同看法时，就需要通过对创新、创业教育一体化课程计划中的分歧进行讨论并提出建议的方式来实现。这些讨论有利于在进行对创新、创业教育一体化课程设计的准备阶段便知道如何将当代大学生创新、创业教育工作目标与教学知识进行有机的结合。因此，要努力实现将教师从关注与教学计划无关或相关类别的判断转变为重视能力和学科知识的相互作用上。

（二）创新、创业教育一体化课程中的教、学环节分析

要实现创新、创业教育工作目标，教、学、评估是实现教学目标的三大因素。因此，怎样对学生开展学习效果评估以及如何处理好教与学的关系是建设创新、创业教育一体化课程必须面对的两个关键问题。

创新、创业教育一体化课程教学目标是使学生在学习学科知识的同时，学习并实践其他创新、创业实践活动相关综合能力。前文已经论述了把能力融合到创新、创业教育一体化课程中的重要性。教学工作经验是创新、创业教育一体化课程教学的重要基础，结合以往经验形成的案例进行课程教学是实现讲座计划中所设定的教育目标的基础。一体化学习计划要求有明确的关于大学生创新、创业综合能力培养的预期学习效果。一体化学习将创新、创业教育教师置于学生学习创新、创业知识和能力的中心，并强调这两方面教育的价值和联系。经验学习可以使大学生置身于创业者将要面对的环境中。主动学习可以使学生能够实际参与模拟活动，这不仅可以应用于经验学习，还可以应用于传统的学科课程和大班课程设置当中。教学实验表明，使用这些学习方法，学生更有可能达到预期的学习效果，并且对所受到的教育更加满意。因此，要实现创新、创业教育一体化课程教学目标，需要关注学生对教与学的认识、一体化学习、提高一体化学习的方法和资源、主动学习和经验学习等四个方面的问题。下面将从学生对教与学的认识出发，逐步展开对创新、创业教育一体化课程教学相关问题的分析。

第一，学生对教与学的认识。

实施创新、创业教育一体化课程教学，要求教师广泛使用教学、学习和评估的方法。在开展教学之初，重要的一点就是要了解学生对现有学习方法的认识。针对这个问题，可以开展针对大学生的访谈，收集学生对教与学的看法，发现学生在创新、创业知识学习中的共性问题。根据调研结果，可以发现许多学生的建议都与其学习评估和学习期望有关。实际上，学习和评估是相辅相成的。

在这个调查中，许多学生表示出对创新、创业理论知识的用处和实用性的关注。学生在以往的专业课程学习中常常需要为考试去记忆理论，却并不知道理论知识与专业实践和解决问题之间的联系。当然，这种观点与教师对理论的理解完全相反，教师认为，这些理论是认识周围世界和解决问题的基础。

下面是依据与学生面谈的结果所总结的典型看法：教师关心学生是否已经学过这些理论。而学生经常为考试而学习理论，等到考试以后就会忘记。这是一种死记硬背的学习方法，学生并不清楚这些理论为什么是这样的以及怎样去应用这些理论。学生应该更加重视应用，目的是掌握知识的所有内涵。学生可以在学习理论之前去了解实际作用，因为这会激发自己对学习理论的兴趣。为了适应课程提出的要求和考试，导致学生对学习内容理解肤浅，缺乏长期学习的积极性，学习动力差。这表明许多学生采用了肤浅的学习方法，其学习目的只是重复记忆知识以应付考试。正如学生自己已经意识到的，从肤浅学习中得到的知识结构是混乱的，而且容易遗忘。反之，学生通过深入学习的方法，可以使所学的知识结构清晰，并能长期记忆，达到了学生理解学习内容的目的。

因此，在设计学生学习活动的时候，必须区分肤浅学习和深入学习两种情况。对大多数学生而言，学习和理解理论的动力就是应用理论并与实践相结合。通过创新、创业教育工作创造实践学习机会，能激发大学生更大的积极性，并使大学生认识到所受教育的重要性。学习积极性的提高使他们对所学的知识和能力更有信心。其结果就会使学生觉得有能力胜任未来创新、创业实践中需要承担的角色。

第二，一体化学习。

一体化学习是实现创新、创业教育一体化课程教学目标的一个主要手段。让学生在尽可能接近实际环境中学习创新、创业知识的同时，培养个人创业能力。根据一体化的学习经验，教师要更有效地帮助学生把知识应用到未来创新、创业实践活动中。一体化学习可以带动大学生对创新、创业知识和能力的学习，使学生的学习时间得到双重利用。创新、创业教育一体化课程强调把学习能力效果融合到创新、创业教育计划中的系统性计划，关注创新、创业的实现问题。一体化学习意味着学生在学习创新、创业知识的同时，还要提高应用能力。双重目标的学习活动作为一种学习能力的手段，加深了学生对创新、创业知识的理解。在创新、创业课程教学中，学生掌握了创新、创业的一般能力，使他们有信心在其专业领域中表现自己的创新、创业实力。创新、创业教育工作者期望学生能够描述或表达意见，能对创业活动中的设想和解决方案表示支持或反对，并能通过协作策划形成对策。显然，这些能力与学生对创新、创业知识的表达和应用密不可分。因此，应该对学习活动和学习评估进行调整，以强调与学科知识和能力有关的学习效果。

为使学习时间得到双重利用，学习活动和学习评估必须采用新的方法，必须特别注意把能力学习效果融合到一门课程中，但这并不意味着要把大量新的理论内容加入已有许多内容的课程中。例如，在培养学生作为创业者所需的表达能力时，不能把表达教学能力看成是语言学、心理学、哲学等学科理论知识体系的一个新目录，而应当列出一个现代创业者需要掌握的重要的表达知识，这些知识包括多种能力，可以通过系统的教学和实践而获得。在课程的设计过程中，决策者要着眼于将大学生个人能力提升安排在已经排好序的课程中，并逐步形成对一体化教与学活动进行策划的基本框架。

第三，提高一体化学习的方法和资源。

在教学过程中，实现创新、创业教育一体化课程教学目标要从确定创新、创业教育工作目标开始，通过指定的预期学习效果来完成。在教学计划的设计过程中，要尽可能保证创新、创业教育工作的目标效果在创新、创业课程中得到正确地反映。然而，学习效果的改进和详细的设计却是每一个课程的任务。在课程学习效果中明确地指定能力，有助于确保这些能力的教学和评估，否则当教师对课程的目标存在异议时就会产生冲突。

通过对预期学习效果进行明确定义并形成一致意见，为创新、创业教育工作提供了一条解决问题和避免产生不必要冲突的途径。预期学习效果描述学生在参与课程学习之后能做什么。这些学习效果应与可观察到的表现相一致，即能够通过学生的表现和教师的判断去确定这些效果是否达到。预期学习效果还指出学生必须达到的理解水平和能力水平。常用的教育目标分类法列出了六种知识和能力掌握水平：了解、理解、应用、分析、综合以及评价。

许多学习效果最初是通过应用与实践表现学生的知识、能力和态度的。尤其是在创新、创业综合能力训练过程中，仅有理论知识是不够的，应该有意识地策划和教给学生创新、创业能力方面的学习效果。例如，安排学生在创业团队中工作并不意味着他们就能学习到创业的团队活动中所需的表达能力。因此，必须让学生明确理解许多问题，如怎样形成一个团队，怎样在团队中计划和分配工作，怎样解决团队内部的矛盾冲突等问题。当学生有机会进行实践、对其经验进行反思以及将理论概念在实践中予以应用时，就会获得卓有成效的学习效果。为了重新设计包含主动学习和经验学习的内容，学校要为教师提供机会以提高他们的教学和评估能力。主动学习和经验学习的策划需要时间、资源和来自学习及评估专家的支持。要实现这一目标，就应当努力用实践教学环节打破长期以来在教学过程中根深蒂固的传统授课文化，这样学生的视野才会更加开阔。

第四，主动学习和经验学习。

所谓主动学习是基于主动经验学习方法的教与学。主动学习方法使学生直接参与思考和解决未来创新、创业可能面对的问题。它很少让学生被动接收信息，更强调学生主动参与操作、应用、分析和评价其想法。让学生思考概念，特别是思考新的想法，并要求他们做出某些明确的反应。学生不但能学到更多的东西，而且可以提高其学习创新、创业知识的能力，从而达到预期的学习效果，同时形成终身学习的习惯。主动学习为学生提供了一种深化学习的方法。深化学习的方法意味着学生要去理解概念，这与为应付考试而简单地重复记忆是完全相反的。主动学习和经验学习方法直接影响着学生的学习方式。当学生在学习过程中扮演主动角色时，他们会学得更好，因为他们更愿意采用深化的学习方法。学生主动参加学习，能将学过的知识和新的概念之间更好地联系起来。经验学习是让学生模拟专业角色和在专业实践的环境中进行教学活动。经验学习方法包括基于具体表达活动的学习、仿真、案例分析和模拟实践经验，这些方法是建立在学生如何学习和提高认知能力的教育理论的基础上的。

创新、创业教育一体化课程和实践活动是基于经验学习实现的。在创新、创业教育一体化实践活动中，经验学习的循环是在不同的时间点开始的。因为学生都有共同的经验基础，所以，结合主动学习方法的授课课程要从思考观察出发去激励学习。课程也可以从抽象概括开始，并对主动实践进行总结，例如通过模拟创业活动的游戏来实现。学生参加类似于实际创业活动的任务，思考从这些经验中学到的东西，总结自己的学习，提高对观点和原理的概括能力，并通过主动实践方法和其他问题的应用检验这些新想法。把经验学习贯穿于综合能力培训计划中，为加强对知识的理解提供了机会。

角色扮演学习是安排学生扮演专业活动具体角色的活动。角色扮演通常有具体的规则、指导原则和结构上的角色及关系等。在角色扮演环节中，课外活动指导教师的任务是解释规则和条件，以告知学生要充当的角色，并监控角色扮演使其完整执行，引导学生思考自己的模拟表达实践效果，并得出结论。在教学过程中，教师应当把两个或更多的主动学习和经验学习方法结合起来，这样才能更好地实现教学目标。

第五章　大学生创新创业教育与能力培养

第一节　大学生创业观念教育

大学生创业观念教育是一个十分重要但却容易被人们忽视的话题，因为表面看起来这项工作与具体的创业活动无关。然而，如果一个创业者理想不坚定、创业意识混沌、创业三观不正，即便在经济指标上取得成功，也不一定会回馈社会，这样就很难说是创业教育的成功。因此，创业理想、创业意识、创业观念教育不容忽视。一个有社会责任感的创业教育工作者，在教学活动开始前要认真研究创业理想、创业意识、创业观念的本质及其相关问题。

一、创业理想

在创业教育工作中，最重要、也最容易被忽视的是对大学生进行理想的教育培养。如果说鼓励等主要手段表现为创业教育者对大学生的外在“激励”，那么，理想教育就是将外在“激励”转化为内在的自我“激励”。只有这样，大学生的创业品德和素质才可能得到普遍提高，团体精神也才可能得到发扬，创业教育工作的理想目标也才可能得到实现。

理想作为人类特有的精神现象，是人们对社会发展趋势的一种超前反映和对未来世界的设计、向往和追求。人不同于动物的重要区别之一在于：动物没有理性，更无理想，因而它们永远生活在现存的物质世界之中。而人是理性动物，人既生活在现实中，又企图超越现实；既生活在物质世界当中，同时又以理想的精神方式享受生活。随着社会的不断发展，理想就是人们的一种生活方式，是构成人类精神生活的一个重要方面。如果做人没有理想，就意味着人格的变质和人性的退化。

但是我们必须清楚，理想并非古今一体、千人一面，而是形形色色、多种多样的。从理想的指向上分，有所谓社会理想、群体理想和个人理想；从理想同现实的距离分，有所谓长远理想、中期理想和近期理想；从理想形成的途径分，有个人或群体在生活中自发形成的理想和通过理性思考及系统学习形成的自觉理想；从个人理想、群体理想同社会理想的关系分，理想又存在境界高下的区别。此外，假想、空想、幻想也是理想的不同表现形式，甚至宗教也充满虔诚的理想色彩，它们与科学的理想构成了两类不同的理想类型。由此可见，人人虽有理想，但理想各有不同。如果单纯以为理想只有一种或认为理想一定高尚伟大，则是对理想的狭隘理解。只要是生理健康、有理智的人，都有各自不同的理想信念，并且都以不同方式追求着自己的理想目标。

创业教育工作和理想是紧密不可分割的，创业教育工作不能脱离理想。虽然创业教育工作目标的确立立足于现实，是通过分析现实中的种种可能做出规划和计划，创业教育工作计划的表现为一个环环相扣的目标链，但是创业教育工作最终要达到的目标之一，就是帮助大学生树立正确的理想，成为一个有理想、有责任感的创业者。因此，支撑创业最终目标和工作计划顺利实现的关键因素之一就是学生工作中的理想和境界。

正是由于创业教育工作和理想有着不可分割的内在联系，大学生创业者理想的培育必然成为创业教育工作第一重要的任务。在创业教育工作中，理想培育对于大学生创业者具有以下两方面的激励功能。

一方面，通过理想培育，可以将大学生不自觉、不系统的创业者理想上升为自觉、明确和稳定的信念，得到持续激励大学生主动性的心理效应。创业教育者在创业教育工作中，应当把对大学生进行创业者理想教育作为首要工作，使学生自发的理想变成自觉的创业者，使空谈、幻想变成切合实际的、科学的创业理想，将种种心理故障转化为理智支配的执着追求。当然，这个工作相当艰巨，它是一个比一般激励手段更复杂的工作，需要的是耐心、持久和科学的方法。只要不懈努力、方法得当，就能帮助当代大学生树立正确的理想，学生的主观能动性就会被挖掘出来，被自觉理想所支配的大学生就能激励自己。这是其他精神激励无法与之相比的。

另一方面，创业教育工作理想培育的核心、实质和终极目标是社会理想教育，离开社会理想及其教育，理想培育就失去教育的价值坐标和理想的社会意义。社会理想包括内容和形式两个方面。从内容上说，社会理想就是超越现实社会的理想社会。农民的社会理想，是超越封建土地所有制而对“耕者有其田”的小私有社会的向往；无产阶级的社会理想，是消灭私有制和剥削、人人占有生产资料的共产主义公有制社会。在形式上，社会理想是某一社会大多数人对未来社会设想的共识，表现为各种理想的共同面和彼此之间的共通点。由于受个人眼界和团体利益的局限，个人在形成自己的理想或者组织对其成员进行理想教育时，往往会因为局限于个人和群体的将来而容易忽视整个社会的前途命运，这样就造成个人理想、群体理想同社会理想的偏离，产生诸如个人奋斗和各种狭隘的集团意识，显然这是与社会理想冲突的。创业教育者在进行理想教育时，一定要超越团体界限，放眼社会未来，将社会同群体、环境和组织联系起来综合考虑，帮助大学生树立社会理想。只有当大学生热爱团体、热爱国家，既关心自己团体的前途，又关注民族命运的时候，才可能投身公益创业、社会创业或在商业创业成功后热心公益、回馈社会；个人和团体的理想才能逐步融入社会理想。也只有这样的理想教育，才能有效地克服团体的狭隘和短视，使理想成为激发大学生内在心灵的活力，实现创业教育工作的最高目标。

二、创业意识

创业意识是社会意识的一种，一切创业活动无一不是在创业意识的指导下进行的。创业意识正确与否、直接影响到创业的效率，关系到创业活动的成败。因此，研究创业意识是我们深入考察创业发生的关键，也是对历史唯物主义社会意识论必要的补充。

（一）意识和创业意识

意识是人脑对客观事物的主观反映。它在社会发展中又逐渐分化为诸如道德、艺术、宗教、政法思想、哲学、科学等各类社会意识形态，共同织造了历史唯物主义所描绘的社会意识理论。

意识作为与物质相对应的哲学概念，涵盖了社会领域的一切精神现象。既然创业活动是一种有目的、有计划的特殊实践活动，就意味着有一种源于创业实践又反过来指导创业活动的社会意识形态。

那么，能不能认为源于创业实践又反过来影响、指导创业实践的意识就等于创业意识呢？答案是不能。这是因为，第一，创业实践同人类大多数一般实践虽然在逻辑上可以区分开来，但在事实上却难以分开。所以，从根源上看，各种社会意识形态包括创业意识同出一源，这个源就是社会实践，它既包括改造自然、改造社会的实践，又包括以具体组织目标体现的创业实践。从起源来区分创业意识和别的社会意识形态，显然机械地割裂了创业同实践的有机联系，并不科学；第二，同样的道理，也不能笼统认为凡是影响、指导创业实践的社会意识都是创业意识。创业意识对创业实践有反作用，但哪种社会意识形态又不对创业实践发生影响或反作用呢？作为世界观理论体系的哲学不对创业发生作用吗？离开了科学技术能进行创业吗？法律、道德不是作为人们的行为规范对人们创业进行约束和规范吗？就是艺术，有时也可能参与到创业实践中去。可见，凡是社会意识都对创业实践发生不同方向和不同程度的反作用，都以其特定的方式影响创业实践。以是否影响、指导创业实践来区别创业意识和非创业意识也是不科学的，这样做势必会抹杀整个社会意识对创业实践的能动作用。

那么，究竟什么是创业意识呢？创业意识同别的社会意识有哪些区别呢？要回答这些问题，必须从创业意识的形成、作用、特点三方面加以分析。

首先，创业意识作为社会意识的一种，固然离不开一般的社会实践，追本溯源，它也是人们在改造自然、改造社会的实践中产生的。但是，培植创业意识的最切近的基础不是一般的社会实践而是人们的创业实践，创业意识只能在创业实践中形成而不能在一般性的改造自然、改造社会的实践中形成。也就是说，虽然创业实践离不开社会一般实践，创业意识同其他社会意识保持着紧密的联系，但创业实践毕竟有别于一般实践，创业意识也不同于其他社会意识。因此，创业意识是对创业实践的直接反映。脱离创业实践的人，是无法形成创业意识的。

其次，在创业实践中，各种社会意识都发挥作用。离开了人类在各类实践中积累起来的社会意识形态，无论是改造自然、改造社会的实践，还是创业实践，都无法进行。但是不同形式的社会意识，其指向又各有侧重和区别。比如，自然科学主要被用于指导改造自然的生产实践；政治法律思想则主要被用于指导人们改造社会的社会实践；宗教、哲学主要指向人们的思想，直接改造的是人的思想观念。因为创业意识不同，所以它不是直接指向上述各类社会实践活动，而是指向创业实践活动，用于指导、组织、调整各类创业实践活动。

最后，创业实践是创业主体对创业客体的对象性活动，是创业者的能动性活动。因此，创业意识主要是创业者的意识，不是或主要不是雇员的意识。人们只有作为一个创业者的角色进入现实的创业领域，才可能产生创业的冲动、形成各类创业意识。对于处在参与地位的大多数人来说，也可能形成若干关于如何创业的观念或想法，但因置身于创业实践核心活动之外，这种创业意识是模糊不清、片面零散的。所以说创业意识主要不是作为一般社会实践参与者的其他社会意识，而主要是创业实践者所拥有的创业意识。

综上所述，我们可以把创业者在创业实践中直接形成并反过来直接影响、指导创业实践活动的创业心理、创业观念、创业理论、创业方法统称为创业意识。

创业意识作为一种相对独立的社会意识形态，具有不同于别的社会意识的若干特点，主要表现为以下几个方面。

第一，普遍性。社会意识的各类形式都具有一定的普遍性。而创业意识则与人类创业活动紧密相连，普遍存在于社会各类实践领域，具有普遍性。创业意识随着有组织的人类创业活动的出现而产生，随着它的发展而发展，与社会相始终。从各种社会意识形态所反映的空间来看，哲学、道德、创业意识普遍作用于社会生活的各个领域；宗教、艺术、政治思想则只对某一特殊社会实践起作用。科学是个总概念，不同学科的科学技术也只适用于特定的实践活动，这四者都不如创业意识普遍。所以说，创业意识具有普遍性。

第二，综合性。社会意识作为对社会存在的抽象把握和主观反映，都有一定的综合概括性，但各自的综合概括程度又有差别。其中，哲学是对各种知识的最高概括，具有最高的综合性。宗教虽然也是一种世界观，但它是用信仰代替理性，谈不上科学的理性抽象和科学综合。道德作为人们行为关系的总规范，对涉及人与人利益关系的方面做出规定，但显然只是从社会特定方面进行某种综合。政治法律也是人们的行为规范，所综合规定的方面比道德还窄。艺术通过形象情感语言来传达表现作者的愿望，与概念综合离得较远，综合只是典型的塑造或人物性格的“综合”。各门科学对某一特定领域的特殊规律进行抽象反映，是一个方面的综合。创业意识则不然，它要对各类实践活动进行计划、组织和控制，就必须综合运用多学科知识。以生产型企业创业为例，创业者不仅要了解企业生产经营的一般过程，需要掌握有关的科学知识；还需要了解人，了解一系列涉及人的生理、心理、伦理、信仰、价值观念、行为规律的知识。不仅要审时度势、发现问题、及时做出战略决策，及时运用哲学、政治学、法律学；为保证决策能顺利实施，还需要运用诸如数学、统计学、会计学、审计学等知识来制订计划和对计划实行控制。可见，创业需要综合运用尽可能多的各门知识，创业意识是各门知识的综合运用。在社会诸意识当中，如果说哲学是对各门科学知识最高的综合概括，创业意识则是对各门知识广泛的综合吸收和综合运用。

第三，应用性。各种社会意识既是对社会存在某一侧面的主观反映，表现为特定的知识体系；又反过来影响和指导人们的实践活动，具有不同程度的应用性。一般来说，综合概括性越高的意识形态，距离现实越远，其间的中介越多，应用性越弱。反之，综合概括性越低的意识形态，距离现实越近，其中介越少，应用性越强。比如，哲学和宗教两者距现实最远，其应用性最不直接，而科学特别是技术科学距现实最近，最易转化为生产力。创业意识作为一种特殊的社会意识，既具有较高的综合性，又具有直接的应用性。这是因为，创业意识是在创业实践中产生并直接服务于创业实践的意识形态，创业活动需要的不是远离现实的抽象理论，而是经过创业者加工过滤过的可以直接进入创业过程的具体意识。也就是说，创业过程一方面必须广泛吸收诸如哲学、科学、政治思想、道德以至艺术和宗教等意识形态；另一方面，这些意识又不能直接适用于创业，而必须通过创业者的过滤加工，综合选择，转换成可以直接用于指导创业活动的创业意识，从而使创业意识具有鲜明的应用性。可以说，创业意识是由抽象层面的社会意识走向具体层面的社会意识的思想通道，在这里意识的抽象性和具体性得以对接。如果看不到这种特点，以为任何社会意识都可以直接运用于创业，其结果必然是目标模糊、计划抽象，使创业者无所作为。同理，如果指令不清、控制随意，雇员也无所适从。

（二）创业意识的形式

对创业意识进行纵向分类即从其发生形态分类，可以划分为创业心理、创业观念、创业理论和创业决策四种相互联系又彼此区别的表现形态。创业决策是创业意识中实际操作性最强的表现形式，下面重点分析前两种意识表现形式。

在创业实践中最初形成的创业意识是创业心理，它大致包括需要、动机、意向、情绪、情感、意志、信仰、习惯等形式。创业需要是由创业者的本能和职责引发的创业欲望，它同人的其他需要相类似，虽然具有强烈的内在冲动，但是缺少明晰单一的目的指向。处在创业需要的心理阶段，创业者主要受较长期思考形成的潜化意识的支配，本能地生发出多种创业欲望。事实上，这种心理活动不能用生物学来加以解释，它与人们由生理本能产生的生存需要和安全需要不同。大量的创业经验也证明，长期参与商业活动、积累了大量创业实践经验的创业者，创业行为在不知不觉中已成为他的潜化意识，成为一种职业的习惯或“本能”的需要。可以说，这类人只要处在创业者地位（有时甚至不处在创业者地位）自然而然地就会有这种冲动。

创业需要的定向化是创业动机和创业意向。创业行为需要作为一种自发的内在冲动，是意向不明、不断转移的心理活动。如果外部环境没有起作用，那么创业者将永远停留在这种躁动不安的心理境地。但事实上这是不可能的，因为创业者不可能将自己封闭起来，并受到外部环境各类信息的刺激干扰。一旦某一信息反复刺激创业者而使他将注意力逐渐集中到解释这一信息的时候，便出现人们常说的“问题”或心理学上所说的“情结”。问题是指现实和需要的差异，情结是指反映问题的矛盾心情。这时，为解决问题或解开情结，原有的变动不定的需要心理开始平静下来，交错出现的不明晰的目的指向便逐渐转移到问题上，从而形成有明确指向的动机和变成解决某问题的意向。当然，作为创业心理的动机和意向也具有不稳定性。尽管如此，动机和意向又是创业意识形成的一个不可缺少的环节。没有它，就不可能产生出创业的其他意识。动机和意向引导创业者如何看问题，准备选择解决何种问题。如果在动机和意向上出了偏差，创业者就会走偏方向而使创业实践不能成为现实。

创业者作为人，还有各种情感和情绪。情感是在人与人的交往过程中形成的心理定式，它表现为对某些人的偏爱、信任、同情、感激以及崇拜信仰。

在创业实践活动中，无论是创业者还是雇员，都是有感情的；任何一类创业活动，都不可能完全摈弃情感。创业者如果仅凭情感而不用理性来处理创业活动中的人和事，或者将私人情感带到公共事务中，对创业将是十分有害的。但是还应认识到，情感对创业也有助益。在创业者之间，多一些情感就少一分摩擦，情感在这里是创业团队的黏合剂，具有不可取代的凝聚力。在创业者和雇员之间，情感是沟通上下级之间的心理通道，是创业者了解情况、激励雇员必不可少的武器。大量创业实践也证明，凡是情感丰富并善于控制情感的创业者，不仅能团结其他的创业人员，形成一个关系融洽、无话不谈的有战斗力的创业团队，还能在雇员中树立良好的形象，使他们乐于听从指挥。相反，一个缺乏情感的创业者必定是一个孤芳自赏的人，他既不可能赢得创业合作者的信任，更不会得到雇员的理解和支持。由此可见，情感是创业者不可或缺的心理，创业成功不在于有无情感，而在于如何培养情感和正确投入情感。

同情感相比较，情绪是另一类心理活动。情感是一种外显的心理倾向，是指人们在长期交往中形成的亲和力；情绪则是一种内隐的心理定式，是由内外环境刺激产生的某种心境或心绪，主要表现为喜、怒、哀、乐。在创业中，不论是创业者还是雇员，常常会受环境的刺激而引起情绪的变化。情绪不同于情感，它对创业弊大于利，特别是对于创业者，千万不能被情绪所左右，不宜带上浓重的情绪来进行创业。这是因为情绪作为一种心理活动，是一种受环境左右变动不定的无意识现象，它与理性不相容。尽管喜怒哀乐可能激起一时的激情，在创业中发挥出冷静时无法发挥的积极作用，但因它缺乏理智的支配而不可能持久并具有随意性，任其发展不加控制就会使创业者变成情绪的奴隶，导致创业失败。可见，创业者不可无情，但这个情是指情感而非情绪，情绪型的人是不宜充当创业者的。作为一个创业者，应当尽量避免将个人情绪带入工作中，做到范仲淹说的“不以物喜、不以己悲”。碰到困难不要消极气馁，取得成绩不可妄自尊大、目空一切。要做到这一层，需要在创业实践中经历长期的修养磨炼，并学会一套自我调节方法。

属于创业心理的还有意志、信仰和习惯。所谓意志，是指向明确的行为目的的心理机制。所谓信仰，是对某人某事或某种最高存在的绝对信任和无条件服从。所谓习惯，最初是指人们思想行为的常规或定势，这里专指思维定式或习惯思维。

创业作为一种有组织的目的性活动，决定参与创业的人必然形成实现创业目的的创业意志。创业意志主要有三个特点：一是明确的目的性；二是判断是非的果敢性；三是迎战挫败的坚韧性。在创业实践中，创业意志的积极作用是非常明显的。这是因为，创业是一个逐渐走向目标又常常遭受挫折的风险过程，为使创业能按预定目标继续下去而不致中断，创业者必须具有坚强的创业意志。如果意志薄弱，在挫折面前就可能观望退让、对事业丧失信心。只有具备坚强的意志，认准了的目标决不改变，才有希望获得胜利。当然，由于意志是一种缺乏理性自觉的心理机制，单凭意志并不能保证目的正确。如果意志很坚定而拒绝理性的介入，那么即使当实践证明目的不对也会坚持下去。可见，意志在创业中虽很重要，但是却并不理性化。

信仰在本义上是相对于理性而言的宗教感情，是宗教徒对神的崇奉膜拜心理。在现代社会，我们不能提倡宗教信仰，而应提倡科学和唯物论。不过，又不可没有信仰。这里的信仰不应解释为迷信和盲从，而应解释为对未来目标执着地追求和坚定的信念。从这种意义上看，大到一个民族，小到一个群众团体或企业组织，都应当有自己的信仰。没有信仰来约束人们多变的思想，就是离心离德、没有希望的组织。

习惯是在多次实践基础上形成的行为定式和思维惯性，它以固定的经验为根据。当人们主要凭借经验而不是凭借理性来行动的时候，就会停留在习惯的心理水平上。所以，经验和习惯是难以区分的。创业者通过多次创业实践，不知不觉中就会形成一套自己的创业经验或创业习惯，其中所包含的难以理喻但又实际发生作用的意识形态是习惯心理。习惯心理在创业中的出现既具有必然性又具有诸多积极作用：首先，它作为一种感性经验，与创业实践最接近，反映创业实践的问题最快捷。创业中许多常规问题主要是通过创业者的经验习惯及时加以处理的。如果创业者缺乏经验而未形成创业的惯性思维，就不可能对各种问题做出快速反应，必然事事请示或拖而不决。其次，习惯是理性的基础。大量事实表明，一切创业理论的产生，都不能脱离对创业经验的总结。创业者的创业经验越丰富，对他学习、接受创业理论就越有利。一个没有创业经验的人，尽管可以从书本上学到创业理论，但却不能真正理解这些理论，更不可能切实运用这些理论。所以，经验习惯对于创业者是十分必要的财富。不过，创业习惯毕竟是非理性的创业心理，它也有局限性：第一，习惯心理是一种心理惯性，它对创业者的创造性思维有一种天然的抑制作用。如果固守经验，由习惯来支配创业，创业方式只能简单重复，组织也很难得到迅速发展。第二，经验习惯只是对过去创业实践的总结和重复，缺乏对创业发展新趋势的预见功能。如果因循经验习惯，就只能往后看而不会向前看，结果必然因目光短浅驾驭不了多变的创业环境。

上述各类创业心理的积淀就是创业观念。观念在广义上本来泛指意识。这里所说的观念是狭义的，它是指在感性经验基础上形成地融入了若干理性因素的固定看法或根本观点。洛克认为，观念来自感觉和反省。莱布尼兹主张观念是人的一种倾向、禀赋、习性或潜能。在心理学上，观念即是表象。马克思主义所说的观念，是指反映实践并为指导实践所创造的体现目的计划的社会意识形态。创业观念作为创业意识的一种，是介于创业心理和创业理论之间的一系列关于创业的根本观点，主要包括创业价值观、创业决策观、创业人性观、创业组织观（团体意识）、创业效益观等。同上述各类创业心理相比较，创业观念不表现为纯感性而有一定的理性渗入，包含着对事物的深层理解；不是对客观对象的直接反映而是间接反映，表现为对过去的反思和对将来的向往；不是由刺激引起的间发的、不稳定的心理活动，而是对根本问题的持久稳定的心态或倾向。因此，创业观念在创业活动中的地位特别突出，它潜存于创业者和雇员的深层意识，从根本上左右或影响着他们的行为。

创业意识的第三类形态是创业理论，这是创业意识的理性表现或逻辑系列。同创业心理诸形式和创业观念相比较，创业理论具有如下特点：第一，它反映的不再是创业活动的表象而是它的本质和规律，具有本质的深刻性；第二，它不像创业心理那样多变易逝，具有相对的稳定性和持久性；第三，它是对创业实践的抽象概括，具有抽象性和普遍性。因此，创业理论是更高级的创业意识。创业者如果仅凭创业心理或创业观念去指导创业活动，也只能是一个经验主义者，不可能达到高度的自觉并做出新的贡献。只有学习科学的创业理论，自觉地以有关的理论来武装自己的头脑、指导自己的创业行为，才有可能成为一名合格的现代创业者。当然，正像所有理论一样，创业理论也有它的局限性，这主要表现为任何创业理论只能是对创业实践一个方面的本质或事物某一本质层次的抽象，只能近似正确地反映对象。另外，由于创业理论是以纯概念的逻辑方式来反映创业实践的，两者之间横隔着层层中介，要运用它来指导创业实践，还必须将其转化为创业方法。

所谓创业方法，是各类创业意识的具体化、程序化，特别是应用创业理论的方式或模式。而按照方法的特性来区别，又可以划分为数学方法、系统方法、经济方法、行政方法、伦理方法、心理方法等。

综上所述，创业意识按其发生、发展的时间进行阶段划分，可以区别为最初的创业心理，其后的创业观念和再后的创业理论，最后是创业方法。

三、创业观念

要深入研究创业意识在创业中的主导作用，有必要对创业中的人性观念、价值观念和效益观念进行专门考察。这三种观念虽不是创业观念的全部，但却从根本上影响着创业者的基本观念。以下主要分析创业人性观和价值观。

（一）创业人性观

如前所述，创业的核心问题是人不是物。创业者着手创业时碰到的第一个问题便是：什么是人？由于对人的理解或对人性的看法各有不同，于是就形成形形色色的人性观念。而人性观念上的种种差异，又带来创业目的、创业方法和创业模式的区别。

中国古代学者就对人性问题进行了相当深入的专门研讨，形成了“性善论”和“性恶论”两大对立的派别。以孟子为代表的性善论者认为，人之异于禽兽，不在于“食、色”等生物本能，而在于先天具有与人为善的道德理念。培育弘扬人性中已有的各种“善端”，则扩充为“仁、义、礼、智、信”这五种道德。以荀子为代表的“性恶论”则认为，人的本性并不是善的，恰恰相反，饮食男女、趋利避害、嫉妒强者、残害同类等恶劣兽性才是人的本能。

与中国古代笃信人性本善、主张以仁义道德治国有所不同，中世纪的欧洲和古代阿拉伯国家却蔑视人而高扬神，神性论是其进行社会创业的基本观念。神性论的本旨在于向人们说明上帝或真主是世界的最高存在和万物的主宰，它具有超人的“全知”和“全能”。

随着西欧资产阶级的崛起，近代思想史上涌动着反对封建伦理和宗教神学的人性论思潮。早期的资产阶级人性论认为，人是理性的动物，生而平等自由，完全不应依赖上帝的恩赐。相反，人要自己主宰自己，要从传统的迷信、屈从、驯服、愚昧和无所作为中摆脱出来，建立平等、自由、博爱的人道社会。大致从21世纪初开始，随着劳资关系的激化，迫使一批学者重新考察人和认识人。由于对人性的理解不同，相应地出现了不同的创业理论。

泰罗、法约尔等古典创业学家认为，人是经济运动和物质利益的主体。这就是说，将若干不同成员联系起来的纽带不是强权也不是激情，不是宗教也不是伦理，而只是共同的经济目标和各人从中所获得的相应经济报酬。按照上述理论，创业活动中的人是经济化了的“经济人”，人人都为金钱而奔波，“金钱是刺激职工生产的唯一因素”，创业就在于如何通过合理的组织计划活动或最经济省时的操作程序谋求最大的经济效益。

所谓社会人的思想，历史久远，但形成理论则始于美国梅奥等人的“霍桑实验”。霍桑是美国芝加哥西方电气公司的一个工厂，美国科学院组织一批研究人员围绕工作条件与生产效率的关系进行了长达8年的实验，即“霍桑实验”。实验的结果表明，在正式组织中存在着以情感为纽带的非正式组织；决定工人积极性和提高生产率的主要因素不是金钱物质和生产条件，而是工人的意愿、情绪、受尊重信任和民主参与意识等社会心理因素。这个实验的意义在于用事实否定了传统“经济人”观点的片面性，开始将人理解为有多种欲望、有理想、有追求、需要交往的社会动物。

行为学派对人性的看法，首先表现为麻省理工学院教授麦格雷戈（1906～1964）的人性假说——“X—Y理论”。麦格雷戈认为：“如果按X理论，人的本性被设想为天性、愚蠢、不诚实、不爱承担责任、缺乏远大抱负、仅把自身安全放在第一位。如果按Y理论，人的本性刚好相反，人们并不厌恶工作而是乐于负责，不愿接受别人控制而愿进行自我控制。这样，有效的管理就不应当是强迫命令而应是激励他们的献身精神和创造才能的工具。传统的管理实际上是按X理论设定人性的，因而注定不能发挥人的潜能。只有按Y理论来进行管理，才能摆脱人性偏见，走出传统人性观的误区。”

对“X—Y理论”进行修正的是美国洛斯奇和摩尔斯在20世纪70年代提出的所谓“超Y理论”。这种理论指出，对人性不能进行假设而必须通过实验；对人性也不能进行绝对恶或绝对善的分类，人性的善恶是依他们所处的环境为转移的。他们在工厂和研究所分别所做的实验证明，X理论对工厂工人有效而Y理论对研究所有效，这说明工人同研究人员有不同的人性。另外，同一个人的责任感也并非永远如一、一成不变，当他们的目标达到之后也会由勤变懒。行为学派中成就最大、人数最多的是前文提到的以马斯洛需求层次理论为代表的需要层次论。

通过以上当代管理学者对人性的研究可以看出，作为雇员的人绝不是仅仅为生存而奔波的“经济人”，而是具有多种需要、多种个性、存在于复杂人际关系当中并富有主动创造性和反抗性的“社会人”。因此，要搞好创业，关键在于管好人。而要管好人，又必须深入了解人的心理活动和行为规律，激励他们的自觉性和创造性。

（二）创业价值观

在哲学中，价值是一个含义广泛的关系范畴，凡是涉及客体对主体的意义关系，都包含人们常说的价值。具体地说，凡是对主体有用的东西，就叫有价值；无用或有害的东西，就叫无价值或负价值。

价值按其客体满足主体的属性，可划分为功用价值、道德价值和审美价值三类。功用价值相当于马克思所说的物的使用价值；道德价值是指人的德行对于他人的精神感召和对社会的积极影响；审美价值是指主体所创造的对象反过来给予创造者的愉悦感，是人对人类自由本质的肯定和审视。无论哪类价值，都反映了主体需要和客体功能的肯定关系，都是主体对其所创造的客体的认同或评价。

所谓价值观念，即人们在实践中形成的对客观对象意义的看法或观点。在实践中，人们对客观对象的看法可分为两类：一类是关于客观对象的本质和规律的看法或观点，这在国外又称“事实真理”或“事实判断”。另一类是关于对客观事物有无意义、有无用处的看法或观点，这便是所谓“价值真理”或“价值判断”。价值观念同事实观念相比，后者侧重于对事物真理的客观性探讨，回答对象是“什么”以及“为什么”一类真理问题；前者侧重于对事物意义的主观评价，回答对象对我“好不好”以及“好在何处”之类的功用问题。人在实践中所形成的各种观念（包括世界观和自然观、历史观、人生观、创业观等），无一不是由这两类观念组成，如人们通常所说的哲学世界观，它既包括人们对世界本质和发展规律的客观探讨，表现为一个知识体系或说明体系；又包括人们对现存世界的主观认识和评价，对理想的未来世界的设计和追求。人生观亦如此：它既包括对人生本质规律的理性探索，又包含对现实世界的主观感受和对理想人生的追求。这就告诉我们，人们的观念既不可能是对客观事物的机械反映，其中必然渗透着人的意向目的、定向选择和主观评价；又不可能是纯粹主观任意的，它必以客观事物为对象，以事实为基础。因此，事实观念和价值观念是互为条件的辩证关系。人们为了研究问题的方便，可以将两者分开来看，但在事实上，两者是分不开的，任何具体的观念系统都是由两者有机组成的。

究竟什么是创业价值观？创业价值观同一般价值观又有什么区别、大致包括哪些内容和具有哪些基本功能？个人认为，所谓创业价值观是创业者关于价值取向和价值评价的观点的总称，它是在创业实践中形成的创业主体对创业环境、创业目标、创业客体、创业现状、创业结果以及创业未来的认知、选择、态度、倾向、评价和期待等各种观念的总和。说它是创业主体的价值观，并不意味着创业系统中作为创业客体的人没有价值观，因为创业是创业主体作用于创业客体的特殊实践或主体性活动，因而创业价值观是指导创业主体的观念而有别于创业客体的价值观念。当然，在研究创业的价值观念时，不能也不应回避雇员的价值观念，因为凡是人都有自己特定的价值原则和价值判断。不过，创业过程实际上是用创业者的价值观同化雇员价值观的复杂思想过程，或者说是主体价值观和客体价值观之间的求同过程，因此，又可以将创业价值观规定为创业中占主导地位的创业主体的价值观念。

创业系统存在于一定的社会环境中，创业要正常进行以维持并发展组织系统，就必须了解、适应环境，同环境进行物质、能量、信息、人员的交换。而在了解、适应环境的过程中，创业者一方面必须搜集整理环境的信息，力求使自己的认识符合外在环境的本来面目；另一方面又要根据自身的目的和需要去筛选信息，并按自己的价值方式去整理信息和评价信息，从而对环境做出好或坏的价值判断。创业者通过多次创业实践逐步形成对环境好坏的辨识能力和判断标准，而这种辨识能力和判断标准是创业价值观的一种表现。任何时代的创业或现代任何一类创业，创业者首先要考虑的对象不是自身的组织系统而是系统所面临的组织环境。只有对环境有尽可能详尽的了解并对之进行一番“审时度势”的价值判断之后，才可能进行别的思考。比如海外创业投资，第一步要了解、研究的就是该国的投资环境，通过各种渠道掌握有关该国政治制度、法律制度、经济资源、人力状况、市场环境的情况，并根据自身利益进行分析和选择。这种对投资环境的分析和选择，无疑渗透着外国资本家的价值观念。如果觉得投资无利可图或利润不大，或者有利可图但要冒很大的风险，或者虽一时有利可图但对该国政局稳定等因素无信心，都可能会放弃投资计划。

创业价值观还表现在组织目标的选择确立方面。当对环境有所了解并确认了它对组织有无意义之后，接下来创业者便要根据组织的需要和环境的可能确立组织行为的目标。任何一类组织目标的确立既不是任意选定的，也不是自发产生的，而必须依赖可能和需要两个条件。一是目的要有实现的可能性。如某种目的尽管很有意义但在现实中缺乏根据、无论如何都不可能实现，那么这种目的就是空洞无边的幻想，注定不能实现；二是目的要符合创业者或组织系统的需要。如果不符合需要，尽管在现实中有实现的根据，创业者因其对自身需要无关甚至有害，也是不会将其确立为目标的。可见，在确立创业目的的过程中，也有两种观念在同时起作用：分析目的有无可能、能否转化为现实，要依据事实观念；而确认目的有无意义、哪种目的符合组织的主观需要，要依据价值观念。总之，组织目的既然不是环境强加给组织系统的，而是组织的创业者在分析环境的多种可能性之后进行价值选择的结果；那么，在同一环境中，不同的组织因有不同的价值观念从而产生不同的组织目的，就是很自然的现象。

第二节　大学生创业决策能力教育

创业意识不仅表现为前文讨论的心理、观念和理论，在创业实践过程中还集中表现为创业决策。心理、观念和理论侧重探讨的是创业过程中从客观到主观的认识评价活动，创业决策则侧重表现为从主观到客观的各类创业意识的综合应用活动。创业决策作为一种特殊的创业意识，主要不是创业者对创业实践的主观感受、心理体验、价值判断和理性抽象，而是围绕创业目的展开的预测、决策、计划、控制等一系列更具体的思维过程。显然，要深刻把握创业意识的丰富内涵和功能，仅仅研究心理、观念和理论等问题是远远不够的。只有进一步掌握创业决策过程及其功能，学生才可能真正将抽象的理论和观念转化为可操作的思想工具。

一、创业预测

决策作为创业的重要职能和创业过程的起点，是由一系列复杂的超前思维活动构成的。它首先表现为创业预测。只有在预测未来的基础上，创业者才可能确定创业的目的，制订、选择和计划实现某一目的的行动方案，从而使创业成为可能。研究预测是考察决策思维的起点。

所谓预测，是人们运用在以往实践基础上形成的经验、理论、方法对事物未来发展趋势的分析、论证、推测和预料。创业预测则是创业者运用自己过去的工作经验和理论，通过搜集有关信息，推测、预料创业系统在未来将面临哪些问题，其发展前景如何，有哪些可能发生的情况以及其中哪一种可能最大，从而为决策提供依据。

预测作为人类的一种超前思维，是随同认识活动一起产生的。“凡事预则立，不预则废”。随着人类实践能力和认识水平的提高，预测在近代有了质的飞跃。近代科学之所以有高速的发展，是同科学幻想和科学预测直接有关的。门捷列夫利用元素周期表规律对新元素进行预测则是科学的预测。

预测作为人类认识世界的一种特殊形式，不仅与其他认识活动一起产生和发展，还具有与其他认识活动不同的特点。

首先，预测具有可靠性。预测同一般的认识活动的不同之处在于，其他大量认识是人脑对客观事物的现场反映；而预测不是对现存事物的反映，而是对事物未来的种种发展趋势做出推断和猜测，是由已知到未知。任何事物的发展都要经历由可能到现实的过程，现存的事物中都蕴含着未来事物的根据或胚芽。如果人们不是从主观愿望或可能出发而是从现实根据出发，同时又不违背人们在为数众多的实践中所形成的逻辑规则，而按严格逻辑程序对潜在的根据进行科学推导，那么，人们就一定可以从已知推导出未知、从现在预知未来。可见，科学的预测是合乎辩证唯物主义认识论的，具有科学上的可靠性。创业预测是以现实为根据，数据可靠、方法正确的科学预测，其推断的结果大致是可靠的。

其次，预测具有超前性。预测不同于别的认识活动，还表现为它不是事后思维和当下思维，而是超前思维。所谓当下思维，是指人脑对当时刺激自己感官的客观对象的直接反映。所谓事后思维，是对所发生的感觉知觉进行回忆、联想和事后理性加工，包括表象、理性认识以及反思等间接反映。这两类思维都是从客观到主观，都以客观事物作为思维的基础。而预测在形式上刚好相反，它既不是对现存事物的现场直观，也不是对过去事物的回忆、整理和反思，而是根据已有的认识去分析现实中客观存在的“根据”，推断事物发展的各种可能，以建构现实中尚未出现的未来事物的轮廓，为人们的认识活动和实践活动提供依据。预测的超前性，充分反映了人类意识的能动性，使人类认识与动物的心理严格区别开来。预见的准确度和预见期的长短，又将人类不同时期的认识能力区别开来。预见的超前性并不违背唯物主义的反映论原则，也不意味着预见者可以脱离实践、仅由主观去预言未来。在创业中，预见必须以现实为出发点，并且预见时所搜集的信息，都是实践的产物或是对现实的反映。

再次，预测具有试探性。预测既然是对本来多种可能性的分析推测，就不可能做到准确无误、十分具体，而只能是大致的估计，并带有试探性质。因为在创业实践中，创业预测主体不可能对未来的发展做出确凿无疑的认识，只能预测到总的趋向。同时预测的客体处在经常的变化之中，尤其是人参与的社会，其变化的随机性更大，不可能使预测准确无误。因此，创业者为了在创业中居于主动，一方面不能不对未来进行预测，另一方面又受主客观的双重限制，不可能对未来预测得完全准确，只能依靠预测对未来做试探性地认识。如果因为创业预测带有试探性就断言预测完全不可靠的观点是错误的；同理，要求创业预测百分之百地可靠，也是不符合科学原理的。

最后，预测还具有概率性和不精确性。所谓概率性，是指正确的预测与预测方案总数的比率。所谓不精确性，是指预测正确的程度不可能是百分之百，或者说只能预测事物发展的总趋势或大致的轮廓。而不能正确估计到它发生的准确时间，发生的每一步骤和每一细节。预测的概率和精确度是随着人类认识能力的提高而增大的，但无论如何，既然是预测，就必然具有不精确性，其概率不可能是 1。预测这一特点决定了它永远不可能像人类其他认识那样，最终可以用自然科学的精确眼光对其进行定量描述。

预测作为人类认识的一种特殊方式，不仅具有上述各类特点，还在人们的认识特别是创业活动中发挥着独特的功能。在创业决策过程中，创业预测的作用主要表现为以下几点。

第一，分析创业环境的变化趋势，为创业者确定下一步的创业目标提供背景。创业实践活动是存在于一定的社会环境之中的，社会环境虽有相对稳定的一面，但同时又处在不断地变化当中。这种变化在创业领域更为明显。创业者在制订新的决策以确立下一步工作目标时，不能只从自身的主观需要出发，而应考虑外部环境提供了多大可能。这样，决策的第一步就要了解环境、预测环境变化的各类趋势，使决策能适应变化了的环境条件，以便提出可行的创业目标。每一个创业组织所处的环境都有所不同，如果不调研分析自身环境的变化，决策所需信息的客观性就很难保证。

第二，分析组织系统的结构功能变化趋势，为创业者制订和选择行动方案提供组织依据。创业系统既有稳定的一面，同样也处在不断的变动之中。为了确定工作的目标，决策者既要了解、预测外部环境，又要了解、预测内部动向。例如，在即将开展的项目中，雇员怎样想，有多大的积极性？需要多少资源、人力和资金？组织有无能力达到新的目标？等等。因此，只预测外部环境是不够的，还应预测组织系统的未来状况。如果只有对外部环境的了解而没有对系统内部的了解，这种预测是片面的。只有充分了解内外因素，才能进行参照比较，从而进行决策。

第三，无论是对外部环境还是对创业系统内部未来发展趋势的预测，都需要全面占有材料、广泛搜集信息，对事物发展的多种可能性做出详尽的分析。首先根据获得的信息，分析有无实现目标的可能性，如无可能，坚决放弃；其次分析可能实现的目标有几个，并比较其利弊大小和实现这些目标需要的条件，为决策者择优提供资料；最后，对有利的、成功把握大的可能性，还应进一步区分实现目标所需的时间，为决策者制订创业计划提供依据。

创业预测是一项十分艰巨的认识活动，创业预测的方法很多，有凭经验的预测和凭理论的预测，有定性的预测和定量的预测。当内外环境变动不大，预测的目标时间又很短时，凭创业者的经验就可以进行预测。而如果内外环境变化明显，预测目标时间过程较长，就不能仅凭个人经验而应集中各方面力量的智慧，严格按科学方法进行。

二、创业决策

预测作为创业决策过程的起点，其功能在于为创业者提供一幅创业系统未来发展的模糊前景，指出种种可以估计到的可能性。在此基础上，创业者根据可能和需要制订和选择对策的活动过程，即狭义的创业决策。创业预测要解决的是创业的前景，向创业者展现创业组织将面临的种种问题。而创业决策则是针对某一与创业有关的问题制订和选择对策方案，并以此制订以后创业活动的方向和行动原则。

决策也是一种超前思维，同预测相比较，它有着以下特点。

首先，决策具有鲜明的目的性。人的认识活动都有目的性，但不同认识的目的性的明晰程度又有区别。预测的目的是猜想未来工作中的可能性，为决策服务。由于未来充满种种可能性，因而预测只能是模糊的、不具体的，而决策则不可能是模糊的。创业决策是针对与工作组织系统未来发展关系最紧密、意义最重大的某种可能的对策性思维活动。因此，决策的目的不是模糊的而是具体的，不是多元的而是单一的。所以，创业决策具有鲜明的目的性。如果进入决策阶段，创业者还未确定具体的组织目的，或者说对决策的目的还不清楚，而处在模棱两可的思维状态，决策将是无法正常有效地进行的。

其次，决策具有选择性。要使预测可靠，一条重要的原则是必须广泛收集信息、全面占有材料，尽量避免以创业者的个人好恶选取材料。当决策进行选择时，一方面，为了将来开展有成效的活动，创业者首先必须在预测提供的种种可能性中进行目的选择，即选择某一种与组织系统未来发展关系最大的可能性进行深入考察。没有这次选择就提不出问题，也无法确定组织目的。另一方面，为解决某个问题，实现某一目的，创业者还必须通过深入研究，制订各种对策方案，并在此基础上进行择优。没有择优就等于取消了决策，抹杀了创业决策存在的意义。

最后，决策具有思维的明晰性和行动的可行性。决策思维不同于预测思维之处在于前者是一种模糊性的思维状态，不可能是很明晰的。决策与计划相比，它只是为达到某一目的的行动方案，不如计划具体详细，但与预测相比又显得具体明确。预测是对组织环境和系统组织未来发展多种趋势的总体推测和预估，因此只能是大致的，没有必要对各种可能的细节做出十分具体明确的说明。决策是选取某一种可能性并设计如何解决某一问题、实现某一目标的活动，因此停留在预测的模糊思维水平上是不行的，必须进一步使之具体化，尽可能考虑到创业活动的每一步骤和基本方法。决策思维是较预测思维具体的思维，不仅要选择确立某一目标，还要设想、研究如何实现这一目标的多种办法或方案。这样的决策才能用于制订计划、指导创业实践。

决策是一个发现问题、分析问题、确立目标、研究对策的复杂思维过程。所谓发现问题，是在预测的基础上，找出哪类或哪个问题与系统组织的未来发展关系密切；所谓分析问题，是对某问题产生的原因和导致的后果进行分析和研究；所谓确定目标，是通过解释问题找到“实然”和“应然”之间的差距，确定创业组织今后发展方向；所谓研究对策，是根据今后的工作目的研制多种实施方案，并在比较论证的基础上进行最佳选择。在发现问题时，需要创业者不被表面现象所迷惑，能准确敏锐地找出与创业目标关系最密切、实现目标的可能性最大的信息。分析问题则要求追本溯源，预想后果，切忌就事论事。确立目标必须比较利弊得失、分析有无可能和可能性的大小。至于制订各种对策和最后选择最佳方案，则需要以仔细的调查研究为基础。

创业决策可分为个人决策和集体决策、经验决策和科学决策、确定性决策和不确定性决策以及风险决策等不同类型。

所谓个人决策，并不是只有一个人参加决策活动，而是指决策方案的选择权控制在一人的手中，由一个人做出最后决定。集体决策是由两人以上的集体共同讨论、协商各类备选方案，最后以多数人的一致意见决定某一方案。集体决策是一种民主决策，而个人决策可能不是民主决策。如果决策者个人不广泛吸取专家们的意见、决策方案由个人制订，这就是个人专断，更谈不上民主决策；而如果是在智囊团独立研究的基础上再由一人做出最后决断，便是一种民主决策。个人决策和集体决策各有优劣。个人决策的优点是决策程序简短快速、机动灵活，适用于环境变化太快或环境相当稳定的两种情况，缺点是受个人的主观局限，稳妥性不够。集体决策的优点刚好是对个人决策短缺的补充，因为人员较多考虑问题自然就会更全面。对创业中重大问题的决策最好采用创业组织核心层集体决策而不是进行个人决策。集体决策的缺陷是决策周期长、环节多、个人责任不明确，容易导致议而不决、互相推诿、延误时机的不良后果。无论个人决策还是集体决策，就选择决定某一工作方案而言，都只由少数人来承担，决策者只能是少数而不可能是多数，否则便无法决策。

经验决策和科学决策是两种比较典型的决策思维模式。经验决策是创业者主要依赖于经验对多种方案进行比较判断和选择，具有直观性和非定量性等特点。科学决策是创业者以创业相关理论为基础，运用逻辑的思维方法，对各种方案进行系统全面的科学论证，严格按照科学的程序办事。随着时代的发展，经验决策的主导地位正在逐步下降，科学决策越来越广泛地被采用。科学决策必须以掌握事物发展的客观规律为前提，以严格的思维逻辑为基础，并借助于数学模型进行定量判断。但是，无论科学如何进步，人类总有未知的领域、未发现的规律。即使掌握规律，有时也不能达到定量把握的高度。因此，在创业中创业者不能全凭科学决策，而仍需借助经验决策。特别是对于情况多变的教学工作，科学决策是难以解决全部问题的。这时，充分发挥创业者的经验、直觉、灵感、知识和胆略的作用，对于做好决策意义重大。

根据创业主体掌握决策信息的多少和实现创业目标的难易程度，创业决策还可划分为确定性决策、不确定性决策和风险决策。所谓确定性决策是指信息占有充分、因果关系明朗、对工作目标有十足把握的决策，这种决策较为稳妥、无风险。如果信息占有极不充分，因果关系不明朗，对工作目标结果把握不大但又不得不进行决策，就是不确定性决策。这种决策所冒风险极大，在创业中很少使用。介于上述两种决策之间的决策模式就是风险决策。这里的所谓风险，是指决策主体不可能准确地预测到未来各种可能发生的情况。所谓风险决策就是分析各种可能性，拟出各关键变量的概率曲线，了解选择多类行动方案所冒风险的性质和大小，然后根据风险的大小和所冒风险的价值做出最后决策。风险作为一种客观存在，决策者是无法完全回避的。对待风险可以采取以下四种对策：一是风险太大，加以回避，转而选择风险较小的方案；二是风险太大，收益也很大，值得一试，不惜铤而走险；三是转移风险；四是尽量减少风险。当风险既无法避免又无法转移时，决策者应尽量设法寻找减少风险的措施，在选择方案时应考虑某方案有无减少风险的可能。选择何种对策，不仅取决于决策者对风险的概率测算，还取决于决策者的胆略、魄力和权限。比如，如果某个决策方案成功的可能占60%，有的人敢于冒40%失败的风险选择它，而有的人则不愿冒此风险。这往往与不同创业者的个人性格有关。

通过对各种决策属性的分析不难看出：创业决策过程不仅是决策者认识客观可能性的认知过程，同时还是根据效益原则优选最佳决策方案的价值判断过程。决策思维既要尽量做到主观符合客观，要对各种可能做出准确的事实判断；又要使客观可能符合主观需要，选择投入少、效益大、风险小的创业方案。

第三节 大学生创业教育工作的方法

一、系统法

所谓系统方法，就是按照事物本身的系统性把对象放在系统的形式中加以考察和处理的一种方法。这种方法要求从系统的观点出发，始终从整体与部分、系统与环境的相互联系、相互作用、相互制约的关系中综合地、精确地考察对象，以达到最佳地处理问题的目的。其显著特点是整体性、综合性、动态性、开放性、环境适应性以及最优化。

所谓整体性是指管理系统要素之间的相互关系以及要素与系统之间的关系都要以系统整体为主体进行协调，局部服从整体，使整体效果最优。在它的指导下，服务管理要从整体着眼，部分着手、统筹考虑、各方协调，达到整体的最优化。整体性是系统方法的基本出发点。它把整体作为研究对象，认为世界上各种对象、事件、过程都不是杂乱无章的偶然的堆积，而是一个合乎规律的由多种要素组成的有机整体。这一整体的性质和规律只存在于组织各要素的相互联系、相互作用之中；而不是各组成部分孤立的特征和活动的代数和。因此，这种方法反对传统工作事先把对象分成不同部分、分别加以研究然后综合起来，而是一开始就把对象作为整体来对待，以便从整体与部分的相互依赖、相互结合、相互制约的关系中揭示系统的特征和运动规律。从系统管理目标上分析，任何系统的局部目标和整体目标之间都存在着复杂的联系和交叉效应。大多数情况下，两者是一致的。有时，系统局部认为有利的事，从整体上来看并不一定有利，甚至有害。因此，当局部目标和整体目标发生矛盾时，局部利益必须服从整体利益，这体现了系统管理目标的整体性。从系统管理功能上分析，系统的整体功能不等于要素功能的简单相加，而是往往大于各部分功能的总和，即“1+1>2”。这种总体功能的产生是一种质变，它的功能大大超过各个部分功能的总和。因此，系统要素的功能必须服从系统整体的功能，来体现系统管理功能的整体性。否则，就要削弱整体功能，从而失去了系统功能的作用。

综合性是系统方法的第二个特点。所谓综合性是指任何一个系统都是由许多要素为特定目的组合而成的综合体，在进行系统管理时，要把系统的所有要素联系起来，综合考察其中的共同性和规律性。它从两个方面对创业教育者提出要求：一是创业教育工作目标的综合，即要求组织系统各个部分必须围绕系统总目标开展工作，或者说要求一个组织的最高领导必须用组织总目标统摄各部分的分目标；二是创业教育工作过程各个部分功能的综合，即要求创业教育者对任何对象的研究，都必须从它的成分、结构、功能、相互联系和历史发展等方面综合地、系统地考察，以保证创业教育工作按组织总目标运行。同时系统综合性原理还提示学生工作关注两个问题：第一是系统可以分解，由于系统都是由许多要素综合起来形成的，因此，任何复杂的系统都是可以分解的。第二是综合可以创造新事物，现有的事物或要素通过特定的综合可能生成新的事物和系统。“量的综合导致质的飞跃”正是基于这一规律。

动态性是系统方法的第三个特点。所谓系统动态性，是指系统作为现实生活中的一个有机体，其稳定状态是相对的，运动状态则是绝对的。因此，根据状态属性对系统的划分，静态系统是相对的，也是动态系统的极限状态。系统不仅作为一个功能实体而存在，还作为一种运动而存在。在动态性的指导下，可以预见创业教育工作系统的发展趋势，树立超前的管理意识，减少偏差，掌握主动，使系统向期望的目标顺利发展。创业教育工作系统动态性主要体现在系统管理要素的动态性和系统管理功能的动态性两种形态。创业教育工作系统要素的动态性表现在两个方面。一方面，创业教育工作系统要素之间存在着纷繁复杂的联系，这种联系就是一种运动。系统要完成功能输出，需要内部要素相互作用、相互影响，形成一定的输出模式，这个过程本身是动态的。另一方面，创业教育工作系统管理要素与环境的相互作用是一种运动。由于现实生活中封闭系统是相对的，开放系统则是多数的，因此，系统与环境之间会存在信息、能量或者物质的交换活动，这个相互作用过程也是动态的。创业教育工作系统管理功能的动态性主要表现为：创业教育工作系统的功能是时间的函数，是随系统要素状态的变化、环境状态的变化、各要素之间联系以及要素与环境间联系的变化而变化。

开放性是系统方法的第四个特点。所谓系统开放性是指在非理想状态下，不存在一个与外部环境完全没有物质、能量、信息交换的系统。即所有的系统都是开放性的，在创业教育工作中，任何试图把系统封闭起来与外界隔绝的做法，都只会导致失败。系统管理的开放性源于系统本身的耗散结构。任何有机系统都是一个耗散结构系统，只有与外界不断交流物质、能量和信息，才能维持其生命。并且只有当系统从外部获得的能量大于系统内部消耗散失的能量时，系统才能不断发展壮大。所以，对外开放是系统的生命。在系统开放性理念的指导下，学生管理者应当充分估计外部对系统的种种影响，努力通过扩大开放系统从外部吸收物质、能量和信息，做好创业教育工作。

环境适应性是系统方法的第五个特点。所谓系统的环境适应性是指系统不是孤立存在的，它会与环境发生各种联系，只有能够适应环境的系统才是有生命力的。同时，系统对环境的适应并不都是被动的，也有改善环境的能动行为。如构成社会系统的人类具有改造环境的能力，没有条件可以创造条件，没有良好的环境可以改造环境。这种能动地适应和改造环境的能力，受到一定时期人类掌握科学技术、知识和社会经济发展水平等因素的限制。在系统的环境适应性理念的指导下，创业教育者进行创业教育工作决策时既要清醒地认识系统本身的局限性，又要把握一切能动地改变环境的机会，实事求是地做出科学的判断和决策，设计出有利于提升学生素质的工作方案。

最优化是指运用系统方法进行创业教育工作所能达到的最佳效益。根据需要和可能，系统方法可以为系统定量地确定出最优目标，并运用最新技术手段和处理方法把整个系统分成不同等级和不同层次结构，在动态中协调整体与部分的关系，以使部分的功能和目标服从系统总体的最佳目标，达到总体最佳。

从以上特点的分析中可以看到，系统方法是一种立足整体、统筹全局、使整体与部分辩证地统一起来的科学方法，它将分析和综合在现代科学技术的基础上有机地结合起来，并运用数学语言定量地、精确地描述对象的运动状态和规律，为运用数理逻辑和计算机软件来解决创业教育工作中的复杂系统问题开辟了道路。

在创业教育工作过程中，运用系统方法应遵循以下几个基本步骤：

首先，确立目标，搜集信息。目标是运用系统方法所要达到的目的。根据具体情况，目标可以是明确的、定量的，也可以是粗略的、定性的。确定目标既要从单项目标入手，注重单项目标的可行性和最优化，又要将各单项目标放在总目标的现象中进行考察，把落脚点确定在整体系统的目标上。为了达到系统方法追求的目标，还要按确定的目标搜集信息。收集信息主要包括三项内容：一是进行实地调查，直接掌握情况。二是广泛收集材料，并按目标要求对有关情况进行筛选。三是对筛选过的情况进行单项分析，包括定性和定量分析，得出一些性能指标和参数。这些指标和参数，也称信息数据，是系统分析的基本根据。

其次，建立模型，拟制方案。这是系统方法的主要部分。建立模型，就是将搜集得来的有关信息因素按一定关系结构组合成一定的模型，用以反映系统活动所要耗费的人力、物力、时间和系统诸因素在系统活动中的作用方式。模型建立后，再以系统活动的各种效益为指标进行综合性比较、评价，然后选择拟定最佳方案。系统模型可能是定性的，可能是定量的，也可能是定性与定量相结合的。

最后，对方案进行评估检验。建立模型拟制方案之后，还要对方案进行检验评估，分析方案的可靠程度或风险程度。这是因为任何事物都受到随机性干扰，随机干扰是人们在现有知识水平上尚无法认识或无法确定的事件。例如自由垂直下落的物体在千秒之内所经过的距离 $S=1/2gt^2$（g 为重力加速度），本来是确定性模型。但下落物体要受到空气阻力，而且有随机性的气候（风）干扰，由运动方程计算的下落距离只能有百分之几十的可靠程度。这就要求对方案必须进行评估检验，以确定方案的把握度和风险度（两者之和为 100%）。如果超过了风险标准，就修改目标，重新制订方案，直到实现最优方案。

现代社会活动规模大、因素多、关系复杂，如果照抄过去那种条块分割、分兵进击的传统方法进行学生工作，势必造成人力、物力、财力和时间上的巨大浪费。

系统方法改变了创业教育工作主体的思想方法，给整个创业教育工作方法论带来了深刻的革命性变化。系统方法可以使创业教育者对创业教育工作的研究方式从以个体为中心过渡到以系统为中心，从单值的过渡到多值的，从线性的过渡到非线性的，从单一测度的过渡到多测度的，从主要研究横面关系过渡到综合研究纵横面关系。这些变化，不仅改变了创业教育工作的背景，改变了学生工作的知识体系，同时还引起了创业教育工作主体世界观和方法论的深刻质变。

二、数学法

数学本身不是目的，而是一种工具和手段，这在应用数学方面表现得特别具体而清楚。因为应用数学就是为设法解决各种具体科学课题而产生的数学工具，是为某一具体科学提供适当而有效的数学方法的学科。

数学法有以下几个主要特点。

第一，抽象性。现实对象是复杂具体的，每一事物无一不是质和量的统一体。这样的现实对象如果不经过科学抽象，人们便无法在思想中对其加以把握。而数学把量及其关系从现实对象中抽取出来，就摆脱了现实对象的各种具体的复杂形态，从而大大简化了研究对象，使我们可以在纯粹量的关系上来研究对象，以揭示对象的数量关系和过程。

第二，精确性。数学具有逻辑的严密性和结论的确定性。数学推导是严格按照一定的规则进行的，只要前提正确，那么由数学的内在逻辑所推出的结果本身便具有毋庸置疑的确定性。爱因斯坦说：“数学方法受到科学家的特殊重视，一个理由是它的命题是绝对可靠和无可争辩的。还有另一个理由，那就是数学给予精密自然科学以某些程度的可靠性，没有数学，这些科学就达不到这种可靠性。”运用数学方法，对客观事物中各种质的量以及量的关系、量的变化进行推导和演算，能够使现象及其过程得到精确的定量描述。所以，数学方法也是决策最优化的可靠工具，利用数学模型对几种可能的方案进行推导和演算，就能从数量上进行精确地比较，帮助人们选择最优的方案。

第三，普遍性。数学对象的普遍性决定了数学方法的普遍性。数量及其关系是各种事物所具有的共同特征。任何事物既存在质的方面，又存在量的方面，没有质的事物固然不存在，没有量的事物也不存在。既然任何事物都是质和量的统一，那么从可能性来说，任何领域都可以应用数学和数学分析，大学生创业教育工作自然也不例外。

数学作为数量结构科学，数学方法的普遍性还反映了异质同构现象的存在。就是说，不同质的事物和系统可以存在着同样的数量关系，而同样的数量关系又可以反映不同的物质存在形态和不同的物质运动过程。

数学法可以应用于各门科学，这是就原则和理论来说的，要把这种原则和理论上的可能性变为现实，需要人类不断的探索。科学和社会发展的历史表明，进行质的定性分析相对来说比较容易，而进行定量分析就比较困难。近代科学产生以后，数学方法首先在力学和物理学中得到了广泛的应用，然后是化学。目前，数学方法在社会科学的某些领域中也开始得到应用，比如运筹学（优选法、统筹学、规划论、对策论等），数学在一些社会科学（特别是经济学）中正在显示出它的作用。

随着现代科学的不断进步，数学方法也开始应用于大学生创业教育工作。在数学方法的参与下，部分创业教育工作可以用数学模式程序来表示计划、组织、控制、决策等合乎逻辑的程序，求出最优的答案，从而达到目标。

此外，计算机还为数学方法应用于大学生创业教育工作开辟了新天地。它不仅可以协助创业教育者对大学生创业教育工作活动的全过程进行宏观的调控，提高大学生创业教育工作跨度，而且还适应高速发展的现代社会的需要，使大学生创业教育工作高速化、精确化。当然，随着大学生创业教育工作的发展，人们对现代创业教育工作各个层次的认识越来越深入，反映到创业教育工作的认识手段和方法上，就比以往任何时候更加需要多种方法协同发展。

三、预测法

所谓预测是指对于客观事物未来发展状况进行分析、估计、设想和推断。预测并不神秘，事实上，人们时时处处都在做出预测判断，例如出门需注意天气的变化，确定乘车路线等。总之，要实施一个有目的的行动，都必然会有一个对未来的考虑过程，这个过程就包含预测。日常生活中的预测一般比较简单，较易执行。但对创业教育工作活动来说，预测的内容就复杂多了。

科学的预测，应通过对客观事物的历史和现状进行科学分析和调查研究，由过去和现在推测未来，由已知推测未知，从而揭示和预见事物未来的发展趋势和变化规律。科学的预测不是随意猜测，而是在正确理论的指导下，对客观事物进行深入分析、并运用现代先进的预测技术，进行系统的研究。

第一种方法，专家评估法。即组织有关领域的专家运用专业方面的经验和理论，研究预测对象的性质，对过去和现代发生的问题进行综合分析，借以对学生未来工作的开展远景进行判断。专家评估法主要包括个人判断、专家会议和德尔菲法（即专家意见法）。个人判断一般指专家权威凭个人经验和知识才能做出预测。专家会议即依靠专家集体智慧做出预测。德尔菲法是由美国兰德公司首先采用的一种方法，又称专家调查法，这是采用书面的形式征询各个专家的意见、背靠背地反复多次汇总与征询意见，最后得出一个比较一致的预测意见。

第二种方法，预兆预测法。这是通过调查研究前超现象推断后继现象的一种预测方法，它是因果联系最敏捷的发现形式。预兆预测法的关键，是准确掌握后继现象与前超现象之间的种种联系，特别要注意两者的内在联系，排除偶然性。如果只知道两者相随发生，并不知道其内在联系，这种预测便是不可靠的。只有密切注意两种现象相随的再现率，并通过思考以发现两者之间的本质联系，才能确定引起后继现象的前超现象，从而对将来的发展趋势做出正确的预测。

第三种方法，时间序列预测法。时间序列也叫时间数列，是将某种统计指标的数值按时间先后顺序排列而形成的数列。时间序列预测法，就是通过编制和分析时间序列，根据时间序列所反映出来的发展过程、方向和趋势，进行类推或延伸，借以预测下一时期或以后若干时期可能达到的水平。时间序列预测的内容包括：收集整理某种社会现象从过去到现在的历史资料，编成时间序列，按各种可能发生作用的因素分类（长期趋势、季节变动、循环变动、不规则变动），分析时间序列，从中寻找该社会现象随时间变化而变化的规律，得出一定的数学模式，并以模式去预测该社会现象的未来情况。

第四种方法，回归分析法。即研究引起未来状态变化的各种客观因素的相互作用，找出各种客观因素与未来状态之间的统计关系的方法。这是一种依据事物间的因果性原理，用数学工具建立的预测方法。在随机事件中，某些变量之间存在着一定的依赖关系，一个变量的变化引起另一个变量的变化。当人们能够准确地发现这些变量之间的数量关系时，就表现为函数关系；难以准确地确定其数量关系时，就只能通过对大量数据的分析，找到某种相关性关系。为了定量地把握事物的因果规律，需要通过回归分析的中介，使相关关系转化为函数关系。回归分析，就是根据大量统计数据来近似地确定变量间的函数关系，即定量确定相关因素间的规律和方法，它可以用来预测未来。

第五种方法，类推法。类推法至少是在两个事物中进行的，一个作为模型出现，另一个作为被预测事物出现，前者称为类推模型，后者称为类推物。类推法的本质是把类推物与类推模型进行逐项比较，如果发现两事物间的基本特征相似，并且有相同的矛盾性质，就可用类推模型来预测类推物。

预测的程序一般有以下几个步骤：

首先，确定预测目标和任务。预测目标指预测所要达到的目标，实际上就是确定未来事物质的规定性和量的规定性，或者是两者的统一。预测总是为一定的目标和任务服务的。创业教育工作的目标和任务决定了预测的目标和任务。目标清楚，任务明确，才能进行有效的预测。

其次，输入预测信息。预测结果的准确性取决于未输入信息的可靠程度和预测方法的科学性。预测所需的资料有纵向资料，也有横向资料。对于已占有的资料要进行周密的分析检验，检验其可靠性，并通过分析去粗取精，去伪存真。还要检查统计资料的正确性与完整性，不够正确的要进行适当的调整，不够完整的要填缺补齐。

再次，预测处理推断。预测处理推断是指根据预测资料，运用一定的逻辑推理方法，对事物未来发展趋势进行预计和判断。这是预测的关键环节。在实际工作中，我们可应用的预测方法很多，具体选择什么方法应依据预测目的和预测对象的特点、资料占有情况、预测经费以及预测方法的适用范围等条件来决定。

最后，输出预测结果。它包括鉴定预测结果和修正预测结果两个内容。预测毕竟是对未来事件的设想和推断，由于受到资料不足、方法不当及人们认识的局限性等因素的影响，故而容易产生预测误差。误差越大，可靠性就越小。因此必须对预测结果进行鉴定，并对误差大小做出估计。分析误差的目的，在于观察预测结果与实际情况偏离的程度，并找出发生偏离的原因。输出预测结果是预测程序中最后的一个步骤，它既是通过修正预测结果，使之更符合客观实际情况的过程，又是检查预测系统工作情况的过程。

科学的预测法在大学生创业教育工作中具有关键性的作用。从决策程序来看，不论是确定决策目标阶段，还是优选决策和追踪决策阶段，都是离不开预测的。如果不确定未来的发展趋势，就不能确定决策目标；没有预测作为依据，决策就是冒险的、不可靠的；如果没有预测的可靠根据，就有可能造成再次失误。从预测科学的角度来说，没有预测的决策违背了“时机原则”，也是时机不成熟的决策。当然，最好的科学预测也绝不会是绝对可靠的，它只能是一种有科学根据的最大概率；但对于决策来说，这已经很好了。

加强预测能力是提高创业教育者应变能力的重要一环。随着科学技术的迅猛发展，特别是现代化通信工具、信息技术、计算机的应用，创业教育者面对一个瞬息万变的世界，需要对各种不同的事物开展预测，提高应变能力，对于各种不同的可能性做出不同的预测判断。另外，加强预测也是提高工作效率和经济效益的迫切需要。

四、心理调适激励法

创业教育是一个全方位的工作，因此要求创业教育者在运用“技术”方法的同时，还必须洞察大学生的心理活动和思想情绪，学会运用心理沟通和思想激励等心理方法。

（一）心理沟通与心理调节

在创业教育工作中，人是起主导作用的因素。充分调动大学生的积极性和创造性是创业教育工作的一个重要内容，但是，要解决这个问题有时便需要借助心理学。在创业教育工作中运用心理学方法，就是从改变大学生的精神状态入手来调动大学生的积极性和创造性，使每名参与创业学习的大学生都能在活动中得到一定的心理上的满足，进而实现创业教育工作的目标。

这里所说的心理沟通与心理调节，就是在创业教育工作中创业教育者经常运用的两种工作方法。其中，心理沟通侧重于对大学生的心理疏导，而心理调节侧重于启发大学生学会心理的自我调控。

1. 心理沟通在创业教育工作活动中的作用

正确的心理沟通有助于师生之间交流思想、彼此了解，消除分歧和误解，做到互相信赖、统一思想，以加强群体意识，发挥整体效应。心理沟通在创业教育工作活动中有如下几个方面的作用。

第一，心理沟通是实现创业教育工作目标的保证。创业教育工作中许多活动都是以沟通为基础的，例如实践教学环节过程的指挥和协调，都必须借助于心理沟通来实现。

第二，心理沟通是加强思想工作的重要手段。为了使学生在创业实践中树立正确的“三观”，创业教育者必须通过各种沟通形式，向广大学生宣传正确的理念，使之在学生中产生心理共鸣，达到理解和认识，从而使创业教育者的思想转化为每个大学生的实际认识。

第三，加强心理沟通有助于提高工作效率。要提高创业教育工作效率，创业教育者自身的品德、责任心和工作作风等主观因素较为重要，同时，还需要保证沟通渠道顺畅。因此，只有加强创业教育者与大学生的心理沟通，建立多形式、高效率的沟通渠道，才能使信息通畅，实现提高创业教育工作效率的目标。

心理沟通非常重要，创业教育者要提高沟通水平，首先要提高自身业务水平。具体来说要做好如下工作：提高创业教育者的思维水平，保证心理沟通的效果；提高想象力，设身处地为大学生着想，以便引起共鸣，使大学生积极接受沟通的内容；提高记忆力，保障各种信息传输和接受及时、准确；养成良好的沟通习惯，集中注意力，稳定情绪，端正态度，确保与大学生的沟通顺利进行。

2. 心理调节在创业教育工作中的作用

所谓心理调节，简单地说，就是人与人之间在心理上的协调、沟通、交流、转换与平衡等。创业教育工作活动中的心理调节，是指通过调整、调解、疏通等手段，缓解心理压力，消除心理障碍，使之树立信心、相互配合，朝着预定的方向前进，从而顺利地完成任务。具体地说，心理调节在创业教育工作活动中有如下两方面的作用。

第一，凝聚指向作用。要实现创业教育工作的预定目标，创业教育者必须做到心理相容、凝聚成团。良好的心理调节是使人们活动的动机，指向共同目标的心理保障，可以使各个方面的人员在心理上相互认可、彼此配合，以使整个组织有计划、有步骤地为实现特定的目标而努力工作。

第二，节约增效作用。良好的心理调节可以减少创业教育工作组织成员因心理失衡和彼此间心理防范造成的各种内耗，从而用较少的人力、财力、物力和时间办更多的事，避免各种无形的浪费。良好的心理调节还可以提高创业教育工作的质量，达到不增人而增效的目的。

客观世界处于千变万化的环境中，无处不在的充满着矛盾和冲突。心理平衡也只是相对的、暂时的。环境总是在发展变化，身处其中的人必须不断地调整心理状态才能达到新的平衡。心理平衡是一个动态的平衡，随着环境的不断变化，心理平衡也在不断地被打破。心理平衡被破坏是否会引起心理障碍，关键在于能否及时调整心理活动，及时建立新的平衡，以适应环境的变化，维护心理健康。

实践证明，心理平衡是可以通过调节来实现的，这是因为人的心理活动、情绪和行为方式都受大脑皮层神经活动的支配，而大脑皮层的兴奋和抑制是可以调节和转换的，特别是通过有意识的锻炼，可以使大脑皮层的活动趋向健全。心理活动常常是由外界环境刺激而引起的，外界环境条件的改变，心理活动必然也会随之改变。根据心理学理论，宣泄、转移、升华等都是调节心理平衡的有效途径，但遇到具体问题的时候，创业教育者可以根据具体情况指导大学生进行心理调节，选择调节方法。具体可以按照如下几种情况选择调节方法。

第一，在创业的过程中，并不都是一帆风顺的，每个人在前进的道路上，都会遇到困难、阻力所造成的挫折。大学生在面对挫折时，创业教育者应该积极帮助、开导受挫大学生，教育他们树立正确的挫折观。首先，可以告诉大学生在感情上要承受挫折，要勇于面对现实，平心静气地接受已发生的事情。其次，要让大学生相信“失败是成功之母”，从失败和挫折中总结经验教训，才会使人变得聪明起来。在事业上要想做出一点成就，必须要有不怕失败和挫折的顽强拼搏精神。最后，用“退一步”的方法来减轻大学生的心理压力。在犯了错误之后如果能够进行自我安慰，心理压力就会减轻。只有这样，学生在将来面对创业实践中的挫折才不会不知所措。

第二，大学生由于各人兴趣、爱好、性格不同，在教学环节，尤其是在创业模拟环节，彼此之间不可避免地会发生矛盾和冲突。在这种情况下，创业教育者应该教育大学生注意克制，养成正确处理矛盾的方法。首先，要教会学生理智、克制和忍让，要有意识地强行克制自己，促使冲突气氛转变。争吵时，只要一方做出让步，另一方激烈的情绪就会减弱。因矛盾、冲突带来的烦恼、紧张情绪也会随之缓解。其次，要努力想办法使当事学生离开现场，使其慢慢恢复平静，然后冷静思考，找出解决问题的办法，消除矛盾、处理冲突。最后，要提倡宽容，以求得心理相容，即要求大学生学会心理置换，设身处地为别人着想，增加相互了解和谅解。这样，很多矛盾都会在大度相容的心境下得到很好的解决。

第三，当大学生遭到失败、挫折后，情绪往往十分激动，如果任其发展下去，势必酿成不可收拾的局面。这种情况下，创业教育者应积极做好大学生的思想工作，使之树立从长远处着眼、不要被一时的挫折所打败的思想观念；还要教给大学生一些方法，使学生学会解脱。首先，引导学生向教师或朋友表达自己的想法，这样学生心里就会觉得轻松许多，同时可以从朋友的交谈中得到支持与安慰。其次，转移注意力。在情绪剧烈波动时，不要让学生沉浸在烦恼痛苦的事情中，而要分散学生的注意力，做些使心情平衡而愉快的事，使怒气和烦恼逐渐消失。

（二）精神激励

创业教育工作中的心理调适方法不仅包括上述的心理沟通和心理调节，还包括多种激励手段。所谓“激励”，是指创业教育者借用各种手段去激发学生的学习热情，具体而言，是指创业教育者运用一切有效的手段，去改变大学生的心理状态，激发他们潜在的主动性和创造性，引导学生自觉地投入到学习和生活中，以完成预定的目标。激励的手段和方法多种多样，但依据激励手段的性质来分类，激励大致可以划分为物质刺激（物质激励）和精神激励两大类，虽然物质刺激能够满足人的物质需要以激起人的热情，在现代社会中使用得很多，但单纯的物质刺激存在明显的局限性，因为人不仅有物质生活还有精神生活，不仅需要满足其物质欲望，还需要满足其更高与更丰富的精神追求。同时由于创业教育工作属于学校教育范畴，因此创业教育工作中应把精神激励作为主要方法和手段。

实行精神激励的第一种方法是增强学习兴趣。兴趣是个人对客体的选择性态度。人的学习过程总是伴随着一种积极的情感体验。当人对某一事物或行动感兴趣的时候，就会感到喜爱和满意，集中精力于感兴趣的对象。而对学习感兴趣就会热爱学习，在学习中充分发挥主动性和创造性。概括起来，增强学习兴趣可以从三个方面入手：一是改善学习条件，在不影响教学效果的前提下，对教学内容进行必要的重新组合，尽量使学习内容丰富些；二是增强对学习意义的理解，使学生了解自己学习创业知识的社会意义，看到自己的学习成果及其社会价值，培养学生的学习兴趣。三是尽可能根据个人特点安排学习，力求学习安排适合其性格、知识、愿望、特点的活动，并调整不适当的学习安排。

实行精神激励的第二种方法是精神表彰。通过表彰对积极行为起强化作用，对消极行为起弱化作用。要做好表彰工作需要注意以下几方面的问题：第一，通过调查研究准确掌握精神表彰对象，弄清楚哪些人应该表扬，哪些人不应该受表扬，保证表扬的严肃性。第二，精神表彰要及时。及时表扬才能发挥表扬的最大功效，增强对大学生表扬的重视。第三，精神表彰要注意场合，要弄清楚哪些事情应该公开表扬，哪些在一定范围内表扬，哪些在若干人面前表扬或单独夸奖几句。第四，精神表彰要具体，被精神表彰的人要具体、事要具体，表彰越具体越生动，越有感召力。第五，精神表彰要讲究语言艺术，要热情、诚恳，有感染力，同时要掌握分寸。

除上述几方面外，整个学习集体的精神状态对每个大学生的行为也有很大的影响。和谐的精神状态可以使大学生获得安全感、归属感、自豪感和集体荣誉感，乐于参与集体组织开展的活动，并为活动圆满成功积极努力。

因此，创业教育者要善于用精神激励方法制造一种良好的气氛，使每一个大学生都生活、学习得愉快、舒畅，达到学习集体内相互激励的目的。

第四节　创业者创新思维能力的提升策略

一、善于突破传统观念

在创新实践中，常常会遇到一些比较复杂的问题。人们似乎认为对于复杂问题的解决必然是一件复杂的事。产生这种观点的重要原因之一是传统观念的影响。要解决这类问题，就要通过突破传统观念来简化问题，使问题得到解决。在具体的工作中，创新、创业者可以借助以下三种思维方法突破传统观念。

第一，利用直觉思维直接突破传统观念。直觉思维法是一种未经有意识的逻辑思维而直接获得某种知识的思维方法。直觉思维是一种潜意识思维，也是突破传统观念的有效手段。人们有时对某一问题的理解、某种认识的产生，并非经过严格的逻辑推理，而是由突然领悟而获得的。直觉是人们在认识过程中，头脑中的某些信息在无意识的状态下经过加工而突然沟通时所产生的认识的飞跃，表现为人们对某一问题的突然领悟，某一创造性观念和思想的突然降临（灵感）以及对某种难题的突然解决。

直觉思维是一种从材料直接达到思维结果的认识活动，是一种思考问题的特殊方法与状态。人们在思考问题时，借助直觉启示而对问题得到突如其来的领悟或理解被称为顿悟。顿悟属于潜意识思维，它的特征表现为：功能上的创造性、时间上的突发性、过程上的瞬时性和状态上的亢奋性。在现实生活中，人们往往遇到这种情况：某个问题已经研究很久了，仍然没有解决问题的思路。而在某个外界因素的突然刺激下，思考者头脑中突然出现了一种闪电式的高效率状态，顿时大彻大悟，接着问题便迎刃而解了。顿悟并非是某些科学家、艺术家、文学家所特有的，每个人的大脑都具有这种功能，差别仅在于顿悟出现次数的多少和功能的强弱，而不在其有无。顿悟并不是虚无缥缈的，它不会凭空发生，只会出现于那些知识渊博、刻苦钻研、经验丰富的人。勇于实践并且具有扎实的知识是人们灵感顿悟产生的基础。产生灵感顿悟的最基本条件是对问题和资料进行长时间的顽强的思考，直至达到思想的“饱和”，同时必须对问题抱有浓厚的兴趣，对问题的解决怀有强烈的愿望，使头脑下意识地考虑这一问题。

启迪是顿悟的关键诱因，它连接各种思维信息，是开启新思路的契机。当主体的灵感孕育达到一触即发的“饱和”状态时，只要有某一相关因素偶然启迪，顷刻就豁然开朗。因此要留心观察周围的事物或现象，以便及时得到灵感。灵感顿悟来去倏忽，稍纵即逝，很难追忆，要掌握、珍惜最佳时机，善于捕捉闪过脑际的有独创之见的思想。灵感顿悟大多是在长期思维紧张而暂时松弛时得到的，思考者要养成良好的学习、工作方法和习惯，注意张弛结合。要促进思考者产生顿悟，要创造相对安定的环境，否则不相关的信息太多，根本无法进入研究、探索的境界，也不可能造成灵感顿悟产生的境域。正因为它有一个客观的发生过程，所以灵感顿悟并非是神秘莫测、不可捉摸的。在人的灵感产生以前反复思考，思想活动高度集中，便把思维从显意识扩大到了潜意识。思维在潜意识里加工，偶然和显意识沟通，得到了答案，就表现为灵感。用一句话可以很好地概括了灵感产生的认识论基础，这就是“长期积累，偶尔得之”。直觉、灵感的产生，都是创造经过长期观察、实验、勤学、苦想的结果。没有这个基础，灵感是不会飞进人的大脑的。创新、创业工作中的灵感、想象往往是模糊的，如果不重视这种模糊的思维，就可能让灵感逐渐消失。

需要指出的是，直觉思维不会凭空而来，而是与专业知识背景紧密相连的。因此，直觉、顿悟乃至于在梦中产生的想法，都必须以一定的理论知识背景为基础，那种认为直觉、顿悟可以解决一切的想法是十分不切合实际的。

第二，利用想象突破传统观念。人们的创造性思维来自丰富的想象，创造想象是创造活动的先导和基础。好的创造成果无不起源于新颖、独特的创造想象。人们在思考问题时，除了运用概念进行判断、推理外，还依赖于想象。广义的想象包括：联想、猜测、幻想等。想象把概念与形象、具体与抽象、现实与未来、科学与幻想巧妙结合起来。但值得注意的是：想象的东西在没有被实践证实之前，始终是想象而不是真理。要把想象变成现实，既要有一定的条件，也要有一定的过程。想象是带有某种程度的猜测性的，它至多是一种预测而已，而猜测或预测不一定都能实现。因此，我们在倡导想象、提倡培养自己丰富的想象力的同时，必须对想象保持清醒和不同程度的怀疑态度。

想象本身是以人类旧有的经验为基础，通过对这些经验的有意识重组，进而创造出来一个崭新形象的心理过程。人们在分析和解决问题时，可以通过一系列具有逻辑上因果关系的想象活动，来改善特定的思维空间，从而选择解决问题的手段和思维方法。

联想是想象的核心。联想是通过事物之间的关联、比较，扩展大脑的思维活动，从而获得更多创造设想的思维方法。联想可以通过对若干对象赋予一种巧妙的关系，从而获得新的形象。运用联想，可以使风马牛不相及的事物联系起来。联想是培养创造性心智机能的一种有效的方法，是通向新知识彼岸的桥梁。它可以在已知领域内建立联系，也可能从已知领域出发，向未知领域延伸，获得新的发现。不少成功的发明创造往往是通过联想获得的。联想不是一般的思考，而是思考的深化，是由此及彼、由表及里的思考。一个人如果不学会联想，那他的知识不仅是零碎的、孤立的，而且是很有限的。如果善于运用联想，便会由一点扩展开去，使这点活化起来，举一反三，触类旁通，产生认识的飞跃，出现创造的灵感，开出智慧的花朵。联想能够克服两个概念在意义上的差距，把它们联结起来，从而发现某些事物的相同因素或某种联系，揭示出事物的本质。联想不是想入非非，而是在已有知识、经验的基础上产生的，是对输入到头脑中的各种信息进行编码、加工与换取、输出的活动，其中包含着积极的创造性想象的成分。联想能力是人脑特有的一种能力。不过，并不是每个人都能因联想而有所发明创造，要使联想导向创造，必须懂得联想的类别和规则。

按人脑反映事物之间的关系不同，可把联想分为接近联想、类似联想、对比联想、因果联想和自由联想。接近联想，是由在空间和时间上接近的事物形成的联系，而由一种事物想到另一种事物。例如，由江河想到桥梁，由天安门想到天安门广场和人民大会堂，是对在空间上接近的事物的联想，叫作空间联想。又如，由日落联想到黄昏，由“八一”南昌起义想到“秋收起义”“广州起义”，是对时间上相接近的事物的联想，叫作时间联想。类比联想也叫相似联想，是基于具有相似特征的事物之间形成的联系，而由一事物想到另一事物。例如，由春天想到新生，由冬天想到冷酷，由攀登高峰想到向科学现代化进军。文学作品中的比喻，仿生学中的类比，都是借助于类比联想。对比联想由具有相反特征的事物之间的联系引起，由一种事物想到另一种事物。例如，由寒冷想到温暖，由黑暗想到光明，由物体“高温膨胀”想到“深冷收缩”。因果联想是基于事物之间的因果关系，由一种事物想到另一种事物。例如，由加压想到变形，由高质量想到高销售等。自由联想是对事物不受限制的联想。例如，由宇宙飞船在太空航行想到建立空中城市，想到在其他星球上安家落户。

为了训练思维的流畅性，还可以运用急骤式联想法。这种方法要求人们像暴风骤雨那样，在规定的短时间内迅速地说出或写出一些观念来，不要迟疑不决，也不要考虑答得对不对、质量如何。评价是在训练结束后进行的。例如，要求说出砖头的各种用途，学生可以答出：砌房子、筑路、磨刀、填东西、敲捶物品等。又如，哪些是圆形的东西？学生回答：皮球、纽扣、缺口、茶杯、锅盖、圆桌、车轮等，答得愈快、愈多，表示流畅性愈高。

猜想是想象的重要形式。猜想是指人们发挥思维的能动性，对事物发展进程和未来关系进行预测、设想的一种思维方法。猜想法基于既有经验、又不受既有经验束缚的跳跃性。科学史上新的认识成果往往首先来自科学家的某种大胆假说和猜想。创业者在创新、创业实践中要敢于大胆假设、小心求证，只有得到验证，才能获得真理性认识。

猜想的方式是多种多样的，它可以运用事物的相似、相反、相近关系做联想组合；可以用试错的方法将毫无关联的、不相同的知识要素组合起来；也可以运用创造性想象来补充缺少的事实，设想可能存在的联系。总之，在猜想这一过程中，人们可以尽情地猜测、假设、试错、修改，突破原有的知识圈，在既有的感性材料上，把尽可能多的反映物质世界的思路、方案、模式建造起来，然后再加以对比，进行研究和论证，逐步淘汰错误的猜想，形成真理。

要更好地实现想象，就要冲破现存事物和观念的束缚，对现在尚没有但有可能产生的事物进行大胆设想。要进行大胆设想，首先，要破除迷信，摆脱束缚。要摆脱现有事物和观念的束缚，不能认为现有事物已能满足人们的需要，已经发展完善到完整无缺的顶峰，再也无法提高和突破，更不能迷信权威和经典。其次，要勤于思考，大胆怀疑。最后，创造想象的“原料”来自丰富的知识和经验，来源于广泛实践基础上的感性想象。要想发展自己的创造想象能力，就必须不断地扩大知识范围，增加感性想象的储备。

第三，利用非逻辑思维突破传统观念。非逻辑思维是突破传统观念的有效途径。非逻辑思维是指在思维过程中有意识地突破形式逻辑的框架，采用直觉的、模糊的和整体的思维方法。非逻辑思维在承认逻辑方法在认识过程中的作用的同时，突出了直觉思维的非逻辑性在认识过程中的重要意义。

非逻辑思维主要包括以下几种：第一种，模糊估量法。在面临一个问题时，先对其结果进行一种大致的估量与猜测，而不是先动手进行实验设计或逻辑论证。这是一种直觉方法。这种方法的根据是先前的经验和自己的直觉判断能力。这种方法有时会帮助研究者形成一种总体的、战略性的眼光，有时会导致一种假说的提出。第二种，整体把握法。它要求人们暂时不注重对象系统的某些构成元素的逻辑分析，而是重视元素之间的联系和系统的整体结构。

非逻辑思维的典型思维方式是超常思维。所谓超常思维是指遇到问题善于冲破常规和习惯的束缚，匠心独运、别出心裁地去思考、探索，寻求异乎寻常的解决途径，争取获得人们意想不到的效果的一种思维方法。应用超常思维方法一般有以下几种典型情况：第一种情况，冲破束缚，另辟蹊径。当创新、创业工作面对新情况、新问题时，敢于冲破旧有的各种束缚，开拓新思路，开辟新境界。第二种情况，匠心独具，超凡出众。要想创造性地解决问题，就需要匠心独具、超凡出众的思考。在创新、创业工作中要善于打破传统思维的一系列传统习惯，才能有所突破。第三种情况，处变不惊，“化解难题”。创新、创业工作要经常面对突发问题，这个时候必须冷静分析，才能做出正确判断。第四种情况，因果关联，纵深突破。第五种情况，巧施联想，出奇制胜。创业者在创新、创业工作中根据事物与周围环境之间的相关性原理进行全方位思考，这样才能保证解决问题的系统性。

二、善于保障逻辑思维的严密性

创造性思维是以非常规的思维为基础。但是，真正的创造性的人类成果最终必须是符合逻辑的。因此，要想提高个人的创造性思维能力，就要提高其逻辑思维能力。人们对事物的把握，是一个由浅显到深入、由低级到高级、由现象到本质或从抽象逐渐到具体的过程。因此，比较典型的逻辑思维方法就要由表及里、层层深入、剥丝抽茧来进行的。

掌握逻辑思维方法，不仅要学会层层深入，还要善于比较，善于应用比较思维。所谓比较思维是把各种事物和现象加以对比，来确定它们的异同点和关系的思维方法。任何事物性质的优劣、发展的快慢、数量的多少、规模的大小等，都是相比较而言的。没有比较，就没有鉴别。比较是一切理解和思维的基础。人们认识事物，把握事物的属性、特征和相互关系，都是通过比较来进行的。只有经过比较，区分事物间的异同点，才能识别事物，将其归到相应的类别中去。

比较一般可分为两种类别：即同类事物之间的比较和不同类事物之间的比较。同类事物之间进行比较，找出其相同点，可以揭示事物的共性；找出其不同点，可以揭示事物的特殊性。不同类事物之间进行比较，找出相同点，可以揭示事物之间的联系；找出不同点，可以揭示事物之间的区别。比较一般可采取顺序比较和对照比较。顺序比较是把现在研究的材料和过去的材料加以比较。这是一种继时性的纵向比较。如：今与古比较，新与旧比较等。这种比较容易说明新事物的优越，新阶段比旧阶段进步等，还可以发现优越的特性，进步的表现，从中寻求规律、拓宽思路，预测未来事物的发展进程。对照比较是把同时研究的两种材料交错地加以比较。这是一种同时性的横向比较。此种比较可以对空间上同时并存的事物进行对照，以认识事物的异同和优劣。横向比较必须在同类事物之间进行，如国家与国家比，人与人比，单位与单位比，地区与地区比。进行这种比较时，一定要注意它们的可比性。如在比较社会主义制度和资本主义制度时，只能比较那些可比的因素，不可比的因素应当排除在外，这就是所谓“异类不比”。同时，应采取客观、公正的严肃态度。不论是纵向比较还是横向比较，都要明确比较目的，并站在正确的立场上，运用正确的观点，通过比较做出科学的、历史的具体分析。因此，比较中的纵向可能导致单纯地回头看，产生满足现状或今不如昔的偏向；比较中的横向则可能变成现象间的简单笼统的对照罗列，或者导致对自己、对别人、对事物的全盘否定或全盘肯定，得不出合理的、科学的结论。

反馈是自然界的一种普遍现象。在自然现象中，人和动物必须呼吸，吸进新鲜氧气，呼出二氧化碳。如果没有绿色植物吸进二氧化碳、放出氧气这样一种“反馈”，生命运动就会停止。在人体运动中，大脑通过信息输出，指挥人的各种活动。同时，大脑又接受来自人体各部分与外界接触所发回的反馈信息，不断调节并发出新的指令。如果没有反馈信息不断输入大脑，人体运动便会无法进行。

三、善于变换思维角度

创业者要在创新、创业工作中实现创造性思维，还要适当改变思维的方向、变换思维的角度。传统的思维是一种正向的思维方式，要变换思维角度，就要采用逆向思维、侧向思维和合向思维，增加思维形式，促进思维的多样化。下面就逐一分析上述几种思维方法。

（一）逆向思维

逆向思维也叫反向思维，是一种创造性思维，它强调要从事物的反面或对立面来思考问题。逆向思维与正向思维相对应。正向思维是指人们运用过去的知识和经验，在已有理论的指导下思考问题和解决问题的一种能力或方法。正向思维在人们的日常思考和科学研究中起着巨大的作用。但是，由于人们受心理倾向、心理定式的影响，即在思考问题时，容易采取特定的思路。在一连串的思想中，一个个观念之间便形成了联系，这种联系紧紧地建立起来，必然使得它们之间的联结很难被破坏，这样就容易导致人们形成一种固定的思维模式，即习惯性思路或思维定式，如“守株待兔”的千古笑谈就是其中一例。

逆向思维则需要突破这种习惯性思路或思维定式。它是从事物常规的相反方面去探索思考问题和解决问题的一种思维方法。根据唯物辩证法的基本原理，事物都存在着正反两个对立面。所以，人们在对待事物的时候就要既看到正面又看到反面，既看到前面又看到后面，既看到外面又看到里面。这就是逆向思维得以成立的基础。

在人们的思维习惯中，逆向思维主要表现为以下几种形式。

首先，在思维活动中，通过正视事物矛盾的对立认识和把握事物。事物都包含着对立的两方面，人们的认识和主观思维必须符合事物的实际，如果只注重一个面而忽视了另一个方面，只看到矛盾的正面作用或正效应，而忽视了矛盾的反面作用或负效应，就会在实践中碰壁。只有看到事物矛盾着的两个方面，在事物对立的两极中思考，才能全面而正确地反映事物、认识事物，在实践中取得成功。爱因斯坦正是有意寻求对立双方的同时存在和相互联结的情形，才能从对立事物中找到完美的统一，从表面上看来似乎不合逻辑的情况下提出合乎逻辑的假说。

其次，在思维过程中，通过从事物矛盾的反面来思考，以达到认识事物、表达思想、进行发明创造和实现科学决策的目的。事物都有正面和反面，相反的方面不仅可以相互排斥，而且可以互相联结，具有同一性。从事物的反面进行思考，比起从事物的正面进行思考来说，显得思考的角度更加广泛。认识事物不是只有一个角度，也不是只有两个角度，而是可以从多个侧面、多种不同的角度来揭示。各种事物、现象之间既有必然的联系，又有偶然的联系；一种原因可以产生多种结果，一个主攻方向上屡攻不克时，应研究悖逆以往的分析、解决问题的途径，把问题的重点从一个方面转向另一个方面，从而打开一条新的思路。也就是说，思维在一个方面受阻时，应该从相反的方向试试；反向思考如果不能解决问题，还可以再改换一下角度，另找几个侧面去试探。就如打仗一样，正面攻击敌人不利，就可以从后面或侧面发动进攻。

最后，每件事情都从反面想想，可以弥补只从正面思考的不足。在分析问题、进行决策时，逆向思维的作用不可低估，人们常用“凡事预则立，不预则废”的古训来提醒自己，这里的“预”也包括把事情反过来想一想。

运用逆向思维，既可以在优越感中警惕危机的因素，又可以在危机中看到优越的所在；在顺利的环境中看到逆境的存在，在逆境中看到顺利的可能；在成功中看到有失败的部分，在失败中更要看到成功的基因；富裕和贫乏、团结和分裂、前进与倒退等都是相互渗透、相互依存、相互交融的。

（二）侧向思维

所谓侧向思维是指从其他离得很远的事物中，通过联想，获得启示，从而产生新设想的一种创造性思维方法。

在改变思维方向的过程中，思考者可以根据以往的知识和经验或某一指导原则，判断出解决某一问题的方法所在的方向，于是撇开其他方向，直接选择这一方向进行思考和研究的思维方法。这种典型的侧向思维方法被称为直接定向强方法。这种方法用公式 A→X→Fa 来表示。其中 A 为已知材料，X 为新现象，Fa 为答案。由于新现象 X 与已知材料 A 之间有直接的联系，使思考者能够迅速地识别该新现象的模式，判定答案 Fa 直接蕴含在已知材料之中，从而瞄准这一方向寻求正确答案，而不必尝试用别的方法来解决问题。

在人类历史的早期或者人类刚刚涉足的领域，人们往往在没有经验指导或缺乏足够专业知识的条件下，不得不在多种可能性之间进行反复的比较、分析、试错、修正，最后筛选出解题所需信息的思维方法。这种方法被称为试错方法，也被称为无定向探试弱方法。无定向探试弱方法，是与直接定向强方法相反的方法。可用公式 A→X→Fa→B、C、D……来表示。其中 X 为新现象，Fa 表示受阻，从已知材料 A 中得不到正确答案，只有跳出已知材料 A，才有可能借助与 A 不同的信息 B、C、D……不断探试选择，最后找到正确的答案。无定向探试弱方法以尝试和易变为特征，思维效率不一定高，有时还会有风险，但选择信息的回旋余地大，运用得当，常可有突破性的创造。无定向探试弱方法常用于那些久久徘徊于创造者脑海中非常规、高难度的创造性课题。面对这类课题，许多常规的、定向的思维方法难以奏效，不得不把它转让给无定向探试弱方法去解决，通过不断地摸索，取得突破性的创造。值得注意的是，无定向探试弱方法虽然是一种试探性的、自由度很高的思维方法，但使用该方法决不等于可以无根据地盲目冒险蛮干，否则将一事无成。

侧向思维方法的另一种有效方法是趋势外推法。趋势外推法又称趋势外括法或趋势分析法，是一种属于探索型预测的思维方法。趋势外推法的前提是：过去发生的某一事件，如果没有特殊的障碍，在将来仍会继续发生，它是依据于事物从过去发展到现在再发展到未来的因果联系，认为人们只要认识了这种规律，就可以预见未来。正因为如此，在运用趋势外推法时，对于事物的未来环境并不作具体的规定，而是基于这样一种假说，即影响过去时期发展的主要因素和趋势，在推测时期中是基本不变的，或其变化的趋势和方向是可以认识的。因而未来仍将按从过去到现在的趋势发展下去，人们也就可以从现实的可能出发，从现在推向未来。

（三）合向思维

所谓合向思维就是将思考对象有关部分的功能或特点汇集组合起来，从而产生新设想的一种创造思考方法，又称合并思维法、组合法。

合向思维法是一种简单实用的创造性构思法，在不同领域中的表现形式各不相同，常用的合向思维表现为以下两种类型。

第一类，“辏合显同”法。所谓“辏合显同”法是通过把原来杂乱的、零散的材料聚合在一起，再从中抽象出一种显示它们本质的新特征的创造性思维活动和方法。“辏”，原是指车轮聚集到中心上，后引申为聚集，“辏合显同”就是把所感知到的对象依据一定的标准“聚合”起来，显示出它们的共性和本质。“辏合显同”法主要有以下几种类型：第一种，审视法。这是“辏合显同”的先行方法，即对研究的对象用审视的眼光去分析，为能显同打下基础。世界上的事物尽管形形色色，各不相同，但只要我们对研究对象的形态、属性、结构、功能以及运动过程等进行抽象概括，就能找出同类事物的共同点，确定其共性。第二种，综合法。即通过把原来杂乱的、零散的材料聚合在一起，并进行综合考察，分析研究，从而得出创造性效果的方法。第三种，集注法。即集中力量贯注于研究对象的思考方法。在进行按“辏合显同”的思维活动时，必须对大量杂乱零散的材料进行“去粗取精、去伪存真、由此及彼、由表及里”的加工改造制作，即要选择材料、鉴别材料、联系材料和深化材料，只有这样，才能在异中显同，抓住事物的本质和规律。

第二类，添加法。所谓添加法指在现有的事物上增加某种东西，从而产生新设想的一种思维方法。添加法的基本内容就是，根据需要解决的问题，围绕中心词“添加”，提出一连串相关的设问：假如扩大、附加、增加会怎么样？能否增加频率、尺寸、强度？能否加倍、扩大若干倍？在这种发问中，能扩大人们探索的领域，开拓人们的视野，启发人们的思路，从而产生新的设想，取得创造发明的成功。橡胶工厂大量使用的黏合剂通常装在一加仑的马口铁桶中出售，使用后便扔掉。“为什么不用更大的包装呢？”有位工人建议黏合剂装在50加仑的容器内，容器可反复使用，结果节省了大量马口铁。合向思维看似简单，但是如能尽量把不同质的、意想不到的东西加以组合，这个想法便是前所未有的、崭新的了。合向思维的运用很广泛，不仅可以将物体与物体合并，创造出一系列新产品，还 可以将某种科学技术同各种方法组合起来，从而形成一种新的解决问题的方法。

第六章 大学生创新创业教育课程设置

第一节 大学生创新创业教育课程设置的相关概念

课程体系是人才培养目标、教学理念、课程设计教材、教法及教学管理模式等的综合体现。课程体系在一定程度上决定着学生的知识结构和能力结构，合理的课程体系是培养目标实现的保障。

一、创业教育课程的含义

实施创业教育，课程是有效载体，因此正确理解创业教育课程是关键。这里所说的创业教育课程是指高等院校有计划地为培养学生的创业精神和提高其创业能力所组织的一系列教育教学活动。这种广义上理解的创业教育课程又可以分为显性课程和隐性课程。显性创业教育课程就是高校通过正规的课堂教育教学向学生传授创业知识和培养创业兴趣；隐性创业教育课程就是通过创业活动、创业实践等间接方式培养学生的创业能力和创业精神。两者在创业教育的实施过程中同等重要，但在某些时候隐性课程的功能可能要大于显性课程的功能。

二、创业教育课程设置的目标取向

借鉴本杰明·布卢姆等教育家对教育目标分类的理论，创业教育课程的目标应当包括创业素质和创业能力两部分。创业素质是指一个人的先天因素经过后天的学习训练而强化和补充所形成的作用于创业的内在品质。创业能力是指通过后天的学习训练所形成的创业本领，是创业素质的外化形式。创业教育课程与科学文化基础教育和职业技术教育既有分工又有合作，既相互独立又相互渗透。其实施需要以一定的科学文化基础教育和职业技术教育为基础，但它并不侧重于知识教育目标，它主要定位于创业精神、创业能力、创业规律和创业方法的教育，侧重于知识的综合应用和创业实践能力的培养。通过科学文化基础教育、职业技术教育、创业教育，不仅使学生具有宽厚扎实的科学文化基础知识，掌握某一方向的专业基础知识，具有一技之长，还具有强烈的创业意识，突出的创业能力，顽强的意志，艰苦创业、勇于开拓的精神，最终成为自我就业者、职业岗位的创造者和社会主义建设的创业者。

三、创业教育课程体系设置原理

课程是大学教育教学工作的核心。人才培养目标的确定是课程选择的基础，而课程设置又是实现人才培养目标的途径和手段。学校教学内容中最根本的问题是课程设置。课程设置是指各级各类学校为实现人才培养目标而规定的教学科目及其目的、内容、范围、分量和进程的总和。它总是在一定的课程论指导下进行的。课程论就是研究学校课程设置体系和内容结构的理论。课程论自20世纪中叶成为一门独立学科以来，发展非常迅速，各种各样的课程流派不胜枚举，各种理论主张异彩纷呈，它们对世界各国大学的课程设置产生了深远的影响。颇具代表性的课程论有以下几种。

（一）以分科为中心的课程论

以分科为中心的课程论主张，大学要使大学生正确认识客观世界，就应该根据各门学科知识固有的逻辑体系来加以组织，应当把各门课程包含的事实、法则、结论都配置在一定的程序和系统中。该理论强调按照知识体系为中心来编排课程，但对大学生学习这些课程的心理准备（如兴趣、需要和接受能力等）却考虑甚少。

（二）以经验为中心的课程论

以经验为中心的课程论又称为活动课程论，它的优点是：认为大学生的生活是一个整体，在大学生的生活经验中包括了各方面的知识，因此，大学课程应以大学生为中心来编排课程，让课程编排同生活经验的发展顺序相一致，着眼点在于培养大学生而不是教知识。但这种理论夸大了大学生个人的经验，片面强调教材的心理顺序而忽视了知识本身的逻辑顺序，结果只能让大学生学习到一些零碎片段的知识。

（三）以知识结构为中心的课程论

以知识结构为中心的课程论强调要把学科中的基本结构（也就是这门学科的基本概念和原理），用大学生可以理解的形式加以编排，使他们首先掌握知识的结构，在此基础上，对各种事实进行分类和评价。该理论注意把大学生智慧发展的程序和学科结构有机地结合起来，强调让大学生通过发现的方法来掌握知识。但这种理论的缺点是理论至上，过分强调理论，低估了大学生掌握实际知识和实践能力的重要性，忽视理论联系实际。该理论的指导思想是着眼于选拔天才和培养精英。

创业教育课程的设置应当在一定的课程理论指引下进行。由于上述这些课程论都存在某种缺陷，我们在设置创业教育课程时不宜侧重于某种流派，而应当吸收各种课程论的精华，加以整合或融合。笔者认为，创业教育课程虽然不能以分科为中心来设置，但也不能忽视它所需要的知识体系。创业教育课程不以经验为中心来设置，但以大学生为主体的理念仍然是有指导意义的。创业教育课程不以知识结构为中心，并不意味着它摒弃了知识结构，必要的基础理论仍然是重要的。在强调以大学生为主体、以教师为主导的今天，创业教育课程设置应关心大学生学习方面的因素，强调自主学习与探究学习，强调循序渐进地接触创业实践活动，以激励大学生去尝试新的认知反应方式。在创业教育课程内容选择方面，笔者认为应主要把握以下要点：

①所选择的课程内容应该包括有利于大学生创业意识、创业精神与创业能力发展所必备的知识和技能，以适应未来创业的需要，而不是让大学生去学习过去是重要的而现在却缺乏意义的东西。

②课程内容应贴近社会创业活动，应该考虑到让大学生了解创业世界、接触创业社会，掌握一些解决创业社会问题的能力。

③课程内容要与大学生的身心特点相适应。注意培养大学生的创业兴趣、需要和能力，有助于形成良好的创业心理个性。

四、创业教育课程设置的原则

创业教育课程设置的原则是指设置课程时应遵循的基本要求，它不是主观臆造的，而是在一定理论依据和实践基础上提出的。这些原则包括信息化原则、综合化原则、活动化原则、多样化原则。

（一）信息化原则

随着社会的变迁，知识和技术迅速推陈出新，信息爆炸日益加速，传统的课程设置模式已经落后。大学创业教育是在信息社会这个大环境里展开的，信息的掌握、流转、应用以及控制成为创业型人才的一项工作，提高信息获取与应用能力成为大学创业教育的一项重要使命。创业教育课程内涵要结合创业社会的需要，将知识转化为解决创业挑战及所需要的创业信息，学以致用，已成为创业教育课程设置与开发的主调。面对浩瀚的创业信息海洋，创业教育课程要注重培养大学生收集、分析、研判、整合和运用创业信息的能力，培养大学生运用知识解决现实社会创业中所面临的困难的能力。

（二）综合化原则

综合化是指创业教育课程开发要综合考虑，其主要表现在以下两方面：其一，在课程总体框架上，学科创业课程、综合活动课程、创业实践活动课程与创业知识、创业能力和创业素质等创业教育目标要素之间不是一一对应关系，而是交叉、重复的立体、综合对应关系。也就是说，每一类课程方式均同时包含着传授创业知识、培养创业能力、形成创业素质的要求与内容。其二，在课程科目设置上，创业教育课程不是根据学科体系来一一对应进行设置的，而是综合多门学科知识综合组成的跨学科课程，也就是自然科学课程与人文科学课程的整合，正式课程与非正式课程的整合，显性课程与隐性课程的整合等。

（三）活动化原则

创业教育课程发展的活动化是指课程的操作方式要注重活动的设计，尽可能使大学生在参与活动中形成各种特定的外部操作行为和动作，并与内部操作行为和动作有机的结合起来，相互影响、相互作用、相互促进，从而使大学生的身心朝着创业教育的目标发展。创业教育课程的活动化主要体现在三方面：第一，将创业实践活动作为创业教育的重要课程模式引进到创业教育中来，使大学教育中的“活动”概念具有了社会实践性质。第二，活动课程具有独立功能和作用，有实践性和灵活性的特点将成为实现创业教育目标和任务的重要课程方式之一。第三，创业教育课程体系并不排斥学科课程，但相对于创业实践活动和活动课程而言，学科课程必须由传统的主导课程转变为整体课程体系中的有机组成部分。同时，在学科课程中尽可能体现活动因素和时间因素，以克服和避免学科课程过分的统一和封闭等弊端。

（四）多样化原则

创业教育课程的综合化、活动化必然要求课程结构类型具有多样性。多样性主要体现在课程门类的设置上。与以学科课程为主体、以分科为主要形式、统一而单调的大学课程设置不同，创业教育的课程设置有较大的选择余地和空间。学科课程的设置既可以采用独立设置的必修、选修课程（如创业学基础、创造力开发课程等），又可以采用学科渗透方式的课程（如英语课的创业意识与能力教学等），还可以采用专题讲座、报告式的微型课程。笔者认为，根据课程的特点与社会的发展需要和大学生的发展实际，学科课程设置的最佳方式应采用三种课程设置的有机结合（独立设置、渗透设置和微型设置的灵活有效的结合）。具体如何有机结合，还有待进一步探索。活动课程的设置，既可以采用与传统的活动方式进行多种多样的有机结合方式，又可以举行各种类型的创业教育专题活动，如研究性学习活动、创业计划竞赛活动、社会实践活动等。创业实践活动则可以根据各大学教育教学目标要求与教学条件选择不同的类型和项目，如建有研究性学习基地或产、学、研一体化创业教育基地的大学，可安排大学生进行创业实践活动。

第二节　大学生创新创业课程体系的设置

一、创业教育课程体系的基本形态

根据课程设置原理和近年课程改革的实践，创业教育课程体系可以由两大类、四大模块课程构成。所谓两大类，即显性课程和隐性课程。显性课程是指学校教学情境中以直接的、明显的方式呈现的课程，包括创业实践课程、活动课程和学科课程；而隐性课程指学校教学情境中以简洁的、内隐的方式呈现的课程，主要有环境课程。所谓四大模块，即学习创业基础理论知识的学科课程、强化创业意识的活动课程、营造创业文化氛围的环境课程、提供创业演练的实践课程。这四大课程模块不是简单的分割，在实践过程中各课程模块可以相互交叉、相互融合。

二、不同创业教育课程体系课程类型的分析

（一）创业实践课程的设置

在创业教育的课程结构中，创业实践课程是一种最能体现创业教育特点和性质的课程方式。创业实践课程之所以能够成为创业教育的重要课程方式，关键在于创业实践活动对创业基本素质的形成具有决定性作用，其特征如下：

①创业实践课程促进创业基本素质的个性特征，即个性意识（即创业意识）和个性心理（即创业心理品质）的形成。创业实践课程能让大学生身临其境地感触和体验到创业过程中的复杂环境，使他们从中不断地磨炼自己的毅力和品性，以便在创业实践课程中获得成功。在创业实践课程的运作过程中，大学生创业个性意识倾向和创业个性心理特征能够得到很好的熏陶和磨炼，从而不断地发展。

②创业实践课程促进创业基本素质的应用系统，即创业能力的形成。创业能力不可能依靠纯粹的创业理论知识的学习就可以自动形成，它更需要创业实践的验证和弥补才能逐渐走向成熟。只有在创业实践课程中，大学生的创业能力才能形成和提高，才能表现和发挥出来。

③创业实践课程便于扩大大学生的创业知识领域和创业背景，丰富创业知识，积累创业经验，为今后创业提供知识、经验和信息支持；便于大学生在面对新的情景和新的问题时，灵活地采用多变思维把已有知识和现实实际重新组合，获取创业信息，得出创业经验。

创业实践课程被引进到创业教育课程体系中来，作为创业教育的主要课程方式，具有新的内涵：

①创业实践课程必须通过教育化的改造，体现出创业教育的意义和价值，被加工和规范成为既符合教育教学规律，又符合大学生身心发展特点的教育方式和手段。

②创业实践课程作为一种课程方式，必须有教师和大学生的“双边活动”，有教师行为和大学生行为的规定要求，有师生之间相互作用的特定方式，有教育教学的特定空间和时间组织方式，有判断和评价教学效果的特定材料和价值观念。而这一切，均需要围绕创业教育的目标、要求，有目的、有计划、有组织地开展。

③创业实践课程应以大学生的自我教育、自主学习为主线，充分发挥大学生的主观能动性和积极性，独立地发现问题、分析问题、解决问题，在做中学、学中做、学做结合、动脑与动手结合，从而构筑起大学生自我教育和自主学习的教育实践活动序列。

④创业教育实践课程最大的特点，是以社会实践作为教育的重要方式和直接手段，以社会实践将教育的内容与形式统一为一个整体，并将所有的教育资源依此为中心联合起来、综合进来。在这里，实践课程与教育活动、自我教育活动同质同构、融为一体。

为了使创业实践课程真正能够成为一种课程方式，落实到教育教学的微观运行中，笔者根据创业实践课程的基本性质和特点构建了创业实践课程的模型。创业实践课程从性质上主要分为模拟试验型和社会实践型。从课程内容的角度分为生产操作实践课程、经营管理实践课程和社会交往实践课程三类。将这两个维度结合起来，创业实践课程设计的主要模型是单项生产操作模拟与实践、综合生产操作模拟与实践、单项经营管理模拟与实践、综合经营管理模拟与实践、单项社会交往模拟与实践和综合社会交往模拟与实践。为了促进创业实践课程的顺利实施，首当其冲的是应该制订好创业实践课程的实践目标，将学习目标与心理目标联系起来，并由此引发出三种过程，即实践活动过程、学习活动过程和心理发展过程，以创业实践过程为中介和纽带，将学习活动过程与心理发展过程联系起来。

在创业实践课程模型中，如果实践活动不能有效地引导和形成大学生的学习行为，不能有效地促进和推动大学生的心理发展，那么，这种实践活动就不具备创业教育的意义和价值。在创业教育的课程类型中，创业实践课程是最能体现创业教育性质和特点的课程方式，也是最难把握和最为复杂的课程类型。创业实践课程模型的构建，为大学创业教育找到了从理论走向实践的桥梁和中介。本书将该模型运行过程的基本因素结构化、流程化，最终形成特定的范式，这是研究从抽象到具体的逻辑必然，更为创业教育教学实践提供了指导和规范。

（二）活动课程的设置

在创业教育课程的构成中，活动课程是为指导大学生获得直接创业教育经验和创业信息而设计的一种以活动为中介的创业课程形态，常常被称之为“经验课程”。它对于开拓大学生的视野、打破学科逻辑组织的界限、丰富大学生的知识、训练大学生各方面的能力和培养大学生的爱好、兴趣具有重要意义。它与创业实践活动的不同之处在于，它不涉及直接的生产操作和经营管理，而主要是从认知、情感、动作技能等方面进行活动。

一般地说，活动课程起源于19世纪末20世纪初欧美的“新教育活动”和“进步教育运动”，其发展较慢。溯其根源，就是卢梭的“自然教育”思想、裴斯泰洛齐的教育适应自然的原则和福禄倍尔的儿童自动发展的思想，尤以卢梭的影响更甚。杜威也常被认为是活动课程发展史上的代表人物之一。卢梭的“世界之外无书籍，实事之外无教材”与杜威的“从做中学”都彰显出活动课程的萌芽，常被统括为活动课程的理论。

活动课程的开发内容可以来自学科知识的巩固、运用与验证，来自大学生的兴趣和爱好，来自社会生活、家庭生活等各方面。活动课程可以开展形式多样的项目活动，如参观企业、访问消费者、商业调查、创业计划竞赛等以及开展创业专题讲座和报告，从而培养大学生的团队协作精神和大学生的个体性。活动时间可以根据大学生的兴趣和爱好、学习需要、学习速度和计划实施选择，使大学生按自己的生活方式来体验和学习。活动场所可以在教室、校园，也可以到企业、商社，让大学生在不同的场所把创业教育与生活联系起来。在师生关系上，要注意构建平等、民主、和谐的气氛，要彼此尊重，平等对话，合作开展活动。总之，通过活动课程建设为大学生创业素质的发展提供充足的机会和条件。

活动课程的突出特点就是它与现实生活的紧密联系，能充分发挥和体现出大学生的创造力和创业能力，具体体现为：

①现实生活是活动课程内容的主要源泉。大学生通过体验与创业相关的生活实例和实际情景，认识到创业知识产生于现实生活中的实际需要和实际问题，从而激励自己学习。

②现实生活是活动课程内容实践应用的场所。通过活动课程的内容在现实生活中的应用，使课程内容与大学生的现实生活和已有经验联系起来，让大学生深刻地理解所学内容的现实价值和社会意义。

③大学生通过直接运用所学知识解决现实生活中的问题，与现实生活相联系。大学生通过活动课程的学习在“做中学”，有利于他们学习能力、动手能力、交往能力、创造能力等综合能力的培养，有利于他们全面素质的培养，便于他们接收即时信息，学到很多书本上学不到的东西，有利于他们主体精神的培养和各种非智力因素的发展，从而发展良好的个性心理品质。

（三）学科课程的设置

所谓学科课程就是从学校人才培养目标和社会发展水平出发，在各门学科中选择出适合大学生身心发展的知识，组成各种不同的课程。传统的学科课程占大学生所学课程的主要地位。随着科技和知识经济的发展，现有的学科课程在内容与形式上均存在一定的不足与缺陷，已不再占主导地位，然而它仍然不可或缺。在创业教育课程模式中，学科课程被注入了新的内涵：学科课程中的基础课应当更注重全面提高大学生的创业素质、创业意识和创业精神，这类课程不存在专业限制。目前，由于科技的迅速发展，对创业基础课程的重视有增无减，属于创业知识的基础课的比重加大，时间也在延长。

创业教育学科课程的开发，主要有学科渗透课程、学科必修课程和学科选修课程三种课程。第一，学科渗透课程是指在学科教育中渗透创业教育的课程，其设置的主要框架是：文科类学科中进行以创业意识类为主的学科；理科类学科中进行以创业知识类和技能类为主的学科渗透等。学科教育中渗透创业教育，既有效地利用课堂资源，使大学拓展了学科教学的应用领域；又节约了教育时间，优化了教学内容，事半而功倍。第二，学科必修课程的设置：除各专业的基础课程外，创业教育课程中的必修课程主要有创业意识课、创业心理课、创业者素质课、创业社会常识课和生活指导课等课程。在这些课程的学习中，大学生没有专业之分，都必须要认真领会课程的意图，努力学习课程内容，尽快达到课程的既定目标。第三，学科选修课程的设置：选修，意味着大学生可以根据自己的兴趣、爱好、特长等有选择地学习，以满足各类大学生的发展需要。创业教育的选修课主要包括创业学、市场营销学、创造学等知识类课程。实际上，就大学教育领域而言，创业技能、知识类的创业教育课程均具有选修性质，可根据当地的社会、经济发展状况，灵活地设置各类最需要的科目。当前大学课程发展的趋势是，拓展创业基础课程的范围，加宽创业专业的口径，以使创业基础课和创业专业课在大学生整个学科课程中的结构比例更合理、更科学。

但是，与传统的学科教育不同的是，创业教育下的学科课程设置要实现四个转变：一是要从过去注重狭小的专业知识的传授，转变为不仅使大学生掌握扎实的专业知识，还要特别注意让大学生了解创业社会知识和创业经验；二是要从过去单纯地传授专业知识，转变为不仅能很好地传授创业知识，而且特别注意培养大学生的创造能力、创新能力和创业能力；三是要从过去注重根据大学生掌握知识和技能的多少来衡量学科设置的质量，转变为注重对大学生创业能力和创业素质的评定；四是要高度重视大学生个性的充分、自由发展，因为创业教育的核心目标——创业能力，不仅是一种智力特征，更是一种人格精神状态，还是智力因素和非智力因素的融合。

在创业教育课程体系中，通过学科课程的合理设置，有利于大学生在短时间内集中、系统地学习所必须掌握的人类长期积淀的创业知识和技能；通过对学科课程的学习，有利于大学生以深厚的理论逻辑思维能力去发现、分析和解决创业方面的问题；通过对学科课程的学习，有利于大学生对与创业相关的学术性知识有较深的了解和学习，为以后更进一步从事创业实践和研究工作打下扎实而坚固的理论基石。

（四）环境课程的设置

在实施创业教育过程中，校园文化环境的隐性教育功能越来越被教育界人士所重视，并把环境课程作为一门与学科课程、活动课程并行的新课程。认识和开发这门新课程，成为实施创业教育课程设置中的热点问题。

在创业教育课程体系中，环境课程对创业教育目标的实现，具有独特的优势：①虽然环境课程没有统编的教材，但却包含着从教科书中难以找到的“活”的创业教育因子。环境课程对大学生的身心发展、智力开发、创业思维模式的构建与形成，均发挥着潜移默化的作用，会在大学生心灵深处印下深刻的印象。②环境课程强调的是“境教”，与传授书本知识的“言教”相比，更生动、具体、直观地传送与创业相关的知识和经验等信息，更容易吸收和消化所获得的创业方面的信息。③环境课程具有鲜明性的特点。与环境的自发影响不同，环境课程具有鲜明的创业教育目的。其内容经过有意识的设计、选择和加工，使环境的自发影响升华到自为的教育。大学生在校园的各个空间、部位、活动中都会感受到这门课程中有形创业教育内容的启迪和感染，从而不断塑造自我、完善自我，养成良好的创业行为习惯。

环境课程的开发，主要从两方面入手：自然环境课程和校园文化环境课程。自然环境课程指一草一木的点缀，墙壁、地面的洁净等布局将校园装扮成绚丽多彩的环境，陶冶大学生美好的品格和情感，让大学生的创业情操从这里萌发、成长，并到社会中去延伸和升华。校园文化环境课程指大学生置身于良好的创业教育氛围之中，耳濡目染，得到熏陶。在校园中，师生之间、教师之间的团队协作精神，良好的舆论导向，正确的人生目标，浓厚的学习氛围等均能以潜在的教育力量，以特有的形象符号影响着大学生。它们都应成为环境课程中的重要组成部分。需要特别说明的是，教师的创业人格魅力是环境课程中一个重要的教育支撑点。教师能积极有效的辐射创业情感，就能维系和强化大学生的积极创业精神，比其他规章制度更具教育威力。总之，环境课程中蕴藏着许多创业教育资源，是创业教育课程体系中有待开垦的地方，有待我们共同去发现。

第三节　创业学课程研究

20 世纪 80 年代以来，创业学课程在西方发达国家产生并不断发展。目前，已经发展成为一个相对独立的管理学分支，在一些著名大学中已建立了创业学专业甚至创业学系。尤其在美国，创业学已经成为一门“学科化的创业教育课程”，创业被视为经济强劲增长和发展的原动力。目前，我国对创业教育也越来越重视，许多学者正在深入研究其价值与意义。我国学者达成共识的观点是：创业学作为创业教育课程中学科课程的重要组成部分，必须把它学科化。下面以美国百森商学院的创业学课程、澳大利亚阿德莱德学院的创业学课程和我国复旦大学出版社出版的《创业学》为例，对创业学这门课程加以分析。

一、美国百森商学院创业学课程分析

在培养新的创业一代的过程中，美国的高等院校为开展创业教育立下了汗马功劳。在创业教育中，尤以百森商学院的创业教育最具特色。

美国百森商学院是全球创业管理、教育和研究最著名的商学院，有本科、MBA 和高层经理研修三个主要的培养计划，它代表了美国商学院创业教育的典型模式。百森商学院的创业教育主要由创业教育研究中心承担，其目标是全力帮助学生发展“创业式的思维方式、进取心、灵活性、创造力、冒险的愿望、抽象思维以及视市场变化为商机的能力”。

早在 1967 年，百森商学院就在全球第一个推出了研究生创业教育课程。而今，百森商学院的本科创业教育课程屡获《美国新闻和世界报道》的排名第一。《华尔街日报》在 2001 年把百森商学院的“毕业生创业技能”列为第一，并称百森商学院是所有商学院中亟待发掘的最佳的“深山美玉”。百森商学院为未来人才设定“创业遗传代码”的教育理念，这一新的教育理念不只停留在说教上，而是将其演化为行动。他们认为，实现创业教育理念的核心是提供实实在在的创业教学过程，其运作的关键在于设计系统化的课程。百森商学院的教授们结合百森商学院的客观实际和本校学生的发展实际，设计了一套著名的《创业学》丛书。该丛书通过系统化的创业教育课程设计，展示了新理念的价值与生命力，为创业教育课程的设置立下了一座伟大的丰碑。

战略与商业机会课程教学内容，主要阐述发现和挑选创业机会的过程，说明什么样的机会能够促成高发展潜力企业的创建，如何充分发掘自己的创造性才智，如何制订个人创业计划，如何模仿成功创业者的行动、态度、习惯和战略。

创业者课程教学内容，主要阐述创业者应具有的基本素质，分析创业团队在成功创建风险企业中的重要作用以及创业者们应当如何处理在组建新型风险团队时会遇到的关键性问题和障碍。

资源需求与商业计划课程的教学内容，主要阐述成功创业者如何制订商业计划，如何寻找资金来源、发展战略联盟、获得商业运营许可证等创业知识。

创业企业融资课程的教学内容，主要阐述新企业融资的各种关键问题，如：债务资本市场的现实情况；如何部署融资和筹资战略；如何寻找股权投资者并与其打交道；如何在资本市场中获取债务融资源等。

快速成长课程的教学内容，主要阐述新建的风险企业在成长过程中会遇到的具体问题和危机，解释风险企业所经历的发展阶段及其独特性，避免及摆脱困境的方法，创业型风险企业在领导和管理上的突破性方法的特征等。

百森商学院的创业学系列课程通过分析综合、比较研究的方法，把一个成功创业者所必须具备的意识、个性特质、核心能力和社会知识结构系统地进行了整合，体现了创业教育所具有的科学教育与人文教育的融合、智力开发与非智力教育的融合。这种由基本理论、案例分析和模拟练习组成的系统化的课程设计，有效地保证了创业教育理念的落实和教育目标的实现。

与课程本身系统化相适应的是，百森商学院对该课程的教学也做到了鲜活、生动。百森商学院始终信奉着这样一条教学原则：在探索创业规律和促使学生有效学习的过程中，都必然存在着学术理论和现实实践之间的冲突，只有通过鲜活性的教学过程，敬业的师资队伍，才能解决教与学之间的矛盾，实现预期的教学目标。

为了确保教学过程的鲜活性，百森商学院以现实社会的状况作为切入点，自始至终把现实的事例分析和实践活动贯彻在整个教学过程之中。在教学内容的选择上，他们注意按照一个创业成功过程所需的因素来设计，努力使学习者置身于创建企业、发展企业这样一个动态过程中，以引导大学生关注与创业相关的一些经济问题、社会问题或其他问题。

在教学中，他们采用“以问题为中心”的教学方式，促使大学生积极思考以下问题：在现实创业中怎样有效地进行商业交流与公关交往，怎样提高在创业过程中精确分析和做出正确判断的能力，怎样激发创业个体与创业团队的创造潜能，怎样利用各种有效资源和怎样制订商业计划等。

百森商学院的教师都有在高新技术企业见习或参与创业过程的亲身体验。因此，他们有足够的智慧在教学过程中引入大量的案例分析，在选择案例时，既有创业成功的案例，也有创业失败的案例。通过对精心选择的案例的研究，不仅增加了教学的鲜活性，还培养了大学生从经验中学习的能力和对创业问题的分析与判断能力，激发了他们的创新与创业思维。他们注意与企业保持经常的联系，努力争取企业对大学创业教育的支持，为大学生创造模拟创业实践的机会。由于教师的不懈努力，该校的大学生有较多的机会深入创业企业第一线去观摩或实习，大学生也可以带着他们预制的创业方案到企业去检验其可操作性，甚至还可以在某个岗位上具体操作，从中获得一些理论与实践上的经验。

此外，他们在课外安排的“参与挑战”活动，也使得创业教育变得富有激情。无论是对“创业计划大赛”，还是参与创业演练，大学生们都表现出极大的兴趣与热情。这种在虚拟过程中获得的创业体验，对于增强大学生的创业意识和提高创业所需要的观察能力、思维能力与判断能力是非常有益的。

二、澳大利亚阿德莱德学院的创业学课程分析

教学内容模块化，办学形式多样化，这是目前创业学课程开设的趋势之一。澳大利亚政府积极实行课程结构改革和调整，并开发了四套模块化教材，即综合性介绍类教材、工业类教材、商业发展类教材和远程教育教材，按大学生的兴趣和要求选学 30～200 课时。他们还开发了创业教育课程大纲，该大纲明确规定了创业和职业教育内容，如创业机遇、创业意识、创业动机、创业能力、企业经营管理等，注重培养大学生的创业意识，要求大学生在学完课程后对创业和自谋职业有明确的认识，并具有一定的创业知识和创业能力。现以阿德莱德学院的创业学课程为例做具体分析。

澳大利亚阿德莱德学院是一所以高等职业技术教育为主的学校，该校创业教育课程设置通过模块化课程教学，培养大学生的创业意识和创业技能，为大学生抓住小企业创业机遇，成功地开创、经营、管理、评估小企业打下基础。因此，该校创业教育课程体系定位为小企业创业。该课程体系共设计有六个模块，这六个模块环环相扣，对小企业创业的重点方面和主要环节进行了扎实而细致的安排，其课程内容如下：

模块 1，小企业管理技能。包括：

①小企业管理技能的含义、范围；

②企业管理者的素质要素及其分析；

③小企业主应具备的企业经营技能；

④现代公关技巧和企业应用文写作常识；

⑤现代通信设备的运用技术；

⑥市场调查分析的方法和原则。

模块 2，小企业的建立计划。包括：

①如何选择适合自己经营的企业；

②如何评估小企业创业机会；

③筹建小企业计划的类型、内容、格式和步骤、资料来源、途径；

④经营管理小企业的相关法规政策；

⑤成本核算和市场营销知识。

模块 3，小企业的建立，包括：

①小企业管理的各类资料、文件和管理制度的建立和完善；

②建立小企业手续的办理程序及对应的职能部门；

③创办小企业的具体步骤。

模块 4，小企业的管理和经营。包括：

①企业经营的意义和重要性；

②企业经营管理的规章制度；

③有关安全、环保方面知识；

④产品销售和服务策略；

⑤材料采购知识；

⑥厂房管理和设备维护技术；

⑦财务管理知识；

⑧雇员选择和管理；

⑨开发顾客的途径；

⑩现代交际技巧。

模块 5，小企业的评估。包括：

①企业评估的意义和目的；

②企业评估的内容；

③企业评估方案和评估方法；

④企业评估材料的运用。

模块 6，小企业的经营管理实践。包括：

①进行市场调查，并制订小企业经营方案；

②为建立或开创一个新企业准备一系列所需的文件；

③对小企业经营环境和经营机遇选择进行调研，并起草可行性报告；

④对实际企业进行评估，并向雇主提出企业发展建议；

⑤在社会中进行一系列对企业的调查，并提出雇主易于采纳的增值建议。

此课程体系的六个模块长短不同，其授课顺序也是不同的。由于模块 1 通用性较强，一般放在讲授的开始或和其他模块一起使用，但模块 2 至模块 5 要按顺序讲授。具体安排可以有三种方案：

第一种方案是一种最普通、最简单的创业教育培训的课程安排方案。它首先培训企业家的基本管理技能。通过对本模块的学习，要求大学生能够根据自身个性特点与企业管理者素质要求的对比，结合市场需求状况制订个人发展方案；能够在与别人合作的进程中，运用语言、书面形式和现代通讯设备顺利地进行公关交流；能够开展市场调研，并在此基础上制订经营管理方案。在大学生获得管理技能后，学习怎样制订企业的建立计划。通过本模块的学习，要求大学生能够选择适宜时机创立适合自己的小企业；制订创立小企业的计划，并科学地进行可行性评估；熟悉小企业开业的有关法规政策；具有开业成本核算、市场分析的能力。然后就是学习企业建立的具体程序、企业经营和管理的整个运行过程中要掌握的知识。通过本模块的学习，要求大学生能够制订销售管理计划，掌握销售实施步骤和调节措施；掌握管理和控制产品产量和服务质量、提高经济效益的措施；掌握财务管理程序和方法；熟悉小企业员工管理制度和方法。接下来，进一步学习企业的评估。通过本模块的学习，要求大学生能够评价小企业重要经济指标的完成情况，并能根据评估结果提出企业今后的发展计划。然后，进行小企业的经营管理实践。通过本模块的学习，要求大学生能够在实践或案例分析中提高自己的理论综合运用能力；能有效地确定信息资源和收集信息；能按标准格式起草创业报告。

第二种方案和第三种方案只是模块 1（培训企业家的基本管理技能）发生了变动。第二种方案中模块 1 放在模块 2 至模块 4 学习当中一起进行培训，而第三种方案中模块 1 放在模块 5 至模块 6 之间进行。

这三种方案各具特色，各有其强调的侧重点，能够使大学生快捷地掌握创业的基本知识和基本技能，从而使创业教育的部分任务得以完成。大学生修完学分后可获得一个职业教育方面的证书。

阿德莱德学院模块化的课程设置具有相当大的灵活性。其一，在一定程度上此课程体系不仅能够提供广泛的小企业管理技能，还可以侧重于某些具体工业、职业和小企业的相关内容，使之具有更大的包容性；其二，此课程体系着重于实际演示和模具的应用，现场参观、与企业经营者会谈、听小企业经营教育专家讲座（或与之讨论）等都是课程传授的重要途径，同时还广泛地采用音像教材、案例分析、研究活动、小组讨论、个人评议、个别讲授（或商讨）、角色扮演、具体的行业模拟联系等；其三，该课程体系一般采用课堂讲授的形式，大学生也可以在指导教师的帮助下进行自学，课程完全突破了时空限制；其四，该课程体系为其他国家的采纳提供了相当大的灵活性，其他国家可以根据自己的基本教育结构、教育水平、经营经验、个人情况和经济情况决定自己的课程模式，成为一种“地方课程”。我国也可以根据自身的实际情况确定应用哪一种方案，并可灵活地变革，从而有益于我国大学创业教育课程的开展。

三、国内创业学课程设计分析

李志能、郁义鸿、罗博特·D. 希斯瑞克于 2000 年在复旦大学出版社出版了《创业学》一书。作者在编写过程中既密切关注国际上创业教育课程设置、教学领域的最新发展，又紧密结合中国经济发展的实际，以创业过程为主线，全面系统、深入浅出地阐述了创业实践中面临的主要问题与解决方案，并辅以大量的国内和国外的案例。

《创业学》一书根据我国经济的发展特征和创业者自身的知识结构，从宏观到微观、从抽象到具体进行了分析与探讨，试图对大学生创业过程中的企业经营管理的理念和技术、企业的发展规律、创业者素质培养以及法律法规的了解等进行思考、总结和介绍。

四、创业学课程总结分析

对百森商学院系统化课程、阿德莱德学院模块化课程和李志能教授等人编写的《创业学》课程的解析都是为落实创业教育理念。

我们可以清楚地看到，创业过程中需要人力、财力、物力三者和谐正确的匹配与运作，这三者当中欠缺任何一种都会对创业的成功造成致命的打击。百森商学院的蒂蒙斯教授等人在对创业的实践和理论研究与探讨中深知这一道理，他们得出结论：创业教育课程要想健康、合理地设置和发展，不可缺少地要包含这三者所涉及的知识创业者的素质、创业企业的融资和创业企业的战略发展等重要内容，并把这些知识系统、科学地组织起来让大学生进行系统化的学习。没有系统化的课程，就不可能将大学生在创业过程中积累的经验整理成一套系统的科学理论，也不可能充分发挥教育的简约化特点，使创业教育教学效果最佳化。

模块化课程的特点和优势就是简明、直接，易于大学生快速理解和消化创业基本知识与技能。像阿德莱德学院的模块化课程就是根据大学生的实际需要和发展特点，给大学生提供了具体、合理和可以选择的三种学习模块，让大学生快速了解和掌握简单的创业者所要懂得的知识和技能，缩短了学习的时间，从而使教育资源效益最大化。没有模块化的课程，很难让大学生在短期强化培训中掌握善于抓住机遇，获得知识和技能，为成功管理小企业提供创造性建议的本领。

李志能教授等编写的《创业学》与百森商学院蒂蒙斯教授等编写的《创业学》丛书有异曲同工之处，都注重了创业教育课程的系统化。当然，创业学课程的开设，不是简单地教给大学生单纯的技巧与操作，而是注意防止创业教育只局限于操作层面和技能层面，导致创业教育与专业教育和基础知识学习的脱节。在教学中加大现代科学和人文知识的文化精神的熏陶和教化，让大学生的创造力和创新能力在潜移默化中生成。

上述几种创业学课程的一个共同特征是课程专业性较强，能为今后大学生的创业打下坚实的理论基础。作为必修课程只适合于工商管理、MBA 等经济类专业的学生系统地学习和研究，并不适合于面向全体学生。但是，它可以作为选修课程提供给其他专业中对创业学有浓厚兴趣的大学生学习与探索，让大学生自主地选择其课程中的任意一项内容。我国高校可根据自己的办学理念，选择创业学中的一些通识类知识作为全体大学生的必修课程，如创业者的素质培养、与企业有关的法律法规、企业文化等，为大学生今后就业或创业打下一定的理论基础。

第七章　大学生创业保障体系的构建

第一节　大学生创业保障体系概述

一、创业教育保障体系的含义

所谓大学生创业保障体系，就是指大学生创业的外部条件，它是各种因素的综合体，包括创业硬件环境和软件环境两个方面，硬件环境包括政府资金支持、有形的基础设施建设等；软件环境包括金融、服务、商务环境等。按照国际全球创业观察（简称GEM）项目的标准，大学生创业保障体系包括金融支持、政府政策、政府项目支持、教育与培训、研究开发转移效率、商业和专业基础设施、进入壁垒、有形基础设施、文化和社会规范等方面。在上述创业条件中，我国仅在有形基础设施和市场变化方面高于国际GEM的水平，在其他条件方面均处于较低水平。纵观社会经济发展的历程，创业活动及效率是国家经济活力的源泉，创业活动对经济增长的贡献是长期和潜在的，它不像已有的大企业或中小企业对经济增长的贡献那么直接和可度量。大学生创业是我国创业活动中的重要组成部分，对经济的发展具有重要的理论和实践意义，随着知识经济的发展，大学毕业生的创业活动将越来越频繁，并将对经济的发展产生强大的推动力。大学生创业环境与大学生创业活动是紧密相连的，没有良好的创业环境就没有大学生积极的创业活动和创业行为。

二、大学生创业保障体系的现状

随着我国市场经济体制不断完善，改革开放进一步深入，我国总体创业环境有明显好转，这些对大学生创业都具有积极的促进作用，但目前的创业保障体系还不能适应社会经济发展的需要，还处于比较低的水平，给大学生创业带来了不利的影响。

（一）社会浓厚的创业氛围尚未形成，大学生创业的积极性没有得到充分发挥

按GEM的模型，我国在GEM中属于创业活动比较活跃的国家，全员创业活动指数（TEA）高出平均水平4.3%，但中国在亚洲的发展中国家中，创业活动仍是不活跃的。中国是人口大国，占全世界人口总数的20.8%，有更多的人参与创业活动是经济发展潜在的源泉，对于国家经济会起到积极的作用。我国浓厚的创业氛围尚未形成，不利于创业活动的开展。从GEM的数据看，我国目前总体参与创业的人数仅仅是GEM总体人数的2.78%，而且我国的创业活动是以生存型创业为主要类型，且生存型创业为60%，高出国际GEM数据24%。我国是人力资源丰富的国家，大学生是人力资源中的优质资源，但大学生的创业动机和创业能力不足。据华东师范大学校团委向媒体公布的一份对华东师范大学、华东理工大学、上海师范大

学、华东政法大学、上海财经大学、上海交通大学等高校的近600名全日制本科生的调研报告显示，尽管约77.6%的大学生表示会考虑创业，但最终下定决心走上创业之路的不足2%。由此可见，大学生的创业积极性没有被充分调动起来。

（二）创业政策不完善，未形成有利于大学生创业的政策体系

近几年来，我国大学生就业形势比较严峻，国家出台了一些鼓励大学生创业的政策，以缓解大学生就业问题。从总体上看，创业政策的出台，有利于创业环境的改善，但并没有从根本上改变创业环境条件较差的现状，创业政策不配套，未形成有利于大学生创业的政策保障体系。各地方的创业环境建设不平衡，一些地方政府对大学生创业环境改善不重视，有的地方和部门对国家创业政策的落实不到位，给大学生创业带来不利影响。我国各级地方政府出台的创业政策基本上属于原则性的宏观政策，缺乏可操作性的实施方案，降低了政策执行部门的执行效率。如在扶持大学生创业方面，政府确实提出了一些扶持政策，但是其中有些政策很难操作，有些在执行过程中不规范，尤其是在经营领域、融资渠道和税收优惠等关系到大学生创业的关键问题上，并没有使创业的大学生们享受到真正的扶持。从政府政策方面看，我国明显存在不足，一是通过政府直接扶持促进创业方面明显低于GEM平均值，对新企业的成长没有起到积极作用；二是对新企业的审批成本高，效率低。

（三）创业资金缺乏，资金的来源渠道不畅

创业资金缺乏是大学生创业的瓶颈问题，政府对下岗失业人员创业的资金来源有明确的政策规定，而对大学生创业的资金来源还没有规定明确的来源渠道。从大学生创业的资金来源现状看，绝大多数是个人从家庭、亲朋好友处筹款而获得创业资金，一部分人可以获得创业基金但人数相当有限，另一部分人考虑从银行贷款。目前，我国个人商业贷款的主要形式是质押贷款、存单抵押、第三方担保等，而对于大学生来说这都是不可行的。有的机构设立了大学生创业基金，但对于庞大的大学生创业群体，创业基金显得微不足道。我国的创业资本规模小，按照2005年创业投资发展报告的数据，我国的创业投资占GDP的比重为0.04%，与创业企业对创业资本的需求不相适应。在吸收风险投资上，我国的资本市场落后，创业投资处于起步阶段，风险投资资金不充足，信息服务行业欠发达，各种咨询服务机构不齐全，进行创业融资相当困难。目前，由于缺乏资金，许多优秀的大学生创业计划难以付诸实践。

（四）创业教育缺乏，创业服务体系尚未形成

目前我国大学生创业状况是创业机会多，但是创业能力弱。造成大学生创业能力弱的直接原因是创业教育缺乏，许多高校还是注重学术型人才的培养，而没有转变到创业型、创造型人才的培养上。大学毕业生缺乏创业过程的基本知识和技能，仅凭自己的热情、干劲和运

气以及实践中获得的经验经营企业，导致创业不成功或成功推迟。大学创业教育和管理教育落后是制约我国大学生创业环境建设的重要瓶颈因素。另外，社会缺乏对大学生创业的关注，在体制、组织、制度尤其是在观念上没有把创业服务作为一项促进社会发展、促进经济增长的重要内容加以考虑，没有设立为大学生创业提供服务、支持和帮助的组织，缺乏创业培训和创业服务等社会服务体系，造成大学毕业生的创业过程与现行的制度、文化和规范不相一致，导致创业成本高、创业效率低。

（五）大学生创业的导向机制和激励机制尚未建立

大学生在接受大学教育后，掌握了先进的技术，并具备了相关的管理知识，应该是社会经济发展的推动者，更是社会创新的先驱力量。大学生创业是社会发展创新中很重要的力量，整个社会都应该提倡，而现在提到创业，都是从缓解就业压力的角度出发，这种似乎无路可走才选择创业的心态是不健康的。大学生创业缺乏一种科学、规范的机制去引导。如果将创业的概念延伸一下，提倡创业精神，就可以将创业与“做老板”区分开来。创业精神是一种风险意识，要敢于承担风险，不管到哪个岗位，只要脚踏实地，都能干出一番事业，都可以说是创业。大学生创业需要一种良好的社会氛围去引导，不仅要鼓励他们创业，而且还要让他们知道如何创业。目前，大学生创业的激励机制尚未建立，社会对大学生创业的认可度不高，甚至对大学生创业表示怀疑，缺乏公平的创业环境，也缺乏对大学生创业的奖励机制。创业环境很重要的因素就是公平竞争的氛围，不应该强调某个阶层或团体的特殊性，如果有激励机制也应该面向全社会，最重要的在于降低门槛，简化程序。

第二节　大学生创业保障体系的构建

一、高校

（一）创业教育学生管理变革

科学有效的学生管理，是教育教学活动正常进行的支撑，也是实现学校培养目标的基石，它为学校的中心任务“教育教学”的完成创设了条件，提供了保障。因此，高校要实施大学生创业教育，不仅需要对高校教学管理做出变革，而且需要对高校的学生管理进行适合于创业型人才的培养的变革，从而为创业型人才的培养创造条件，提供保障。

1. 高校学生管理中不利于创业教育实施因素的分析

众所周知，一种新的教育思想和体系的贯彻执行，需要相应的管理予以支持和配合。由此，大学生创业教育的开展，需要作为高校管理的重要组成部分的学生管理也应该做出与之相适应的变革。但是，在提出变革措施之前，首先要对高校学生管理中不利于创业型人才培养的因素做出分析，我们主要从以下三个方面进行阐述：

（1）“管教性”的学生管理观念不利于大学生主体性的培养

独立、自主意识是创业者必须具备的最基本的素质，它虽然与学生的先天素质有一定的联系，但与后天的教育和管理的关系更大。在传统的教育制度下，人们倾向于把学生视作被教育和被管理的对象，强调严格管理和纪律约束，这种“管教性”的学生管理观念主要表现在以下几个方面：

第一，对象性的学生管理观。管理者把学生视为管理的对象，而不是管理的主体，用“管物”的观念和方式而不是“管人”的观念和方式来管理学生，从而导致不太尊重学生的个体意识和权利，而只强调学生的被动接受，而非主观能动。

第二，循规蹈矩的学生管理评价观。由于害怕学生出事和难以管理，部分管理者赞许、认可那些循规蹈矩、老实本分的学生，而思想活跃、爱标新立异的学生则被冷落，从而抹杀了学生自身发展的要求，不尊重学生的自主选择，其结果使一些有创造力的同学为了得到管理者的认可而迎合其要求，这也在一定程度上压抑了学生自主意识的发展，造成学生主体性的失落。

当代大学生思想活跃、思维敏捷、追求独立、重视自我，他们要求教育者和管理者把其视为独立、自主的个体，尊重其想法和权力。“管教性”的管理观念会使学生感到很受约束，甚至引起学生的反感。因此，高校的学生管理者如果还用传统的“管教性”的管理观念去指导自己的管理行为，势必会限制大学生的发展，很难培养其独立、自主意识，从而也不利于大学生创业教育培养目标的实现。

（2）“刚性”的学生管理方式使大学生缺少个性发展的空间

“管教性”的学生管理观念相对应的是“刚性”的学生管理方式，它要求大学生单向地服从管理人员的命令。虽然这种学生管理方式便于形成良好的秩序和纪律，有利于培养学生的集体主义精神，但却容易抑制学生的独立意识、自主意识和创新意识。刚性的学生管理方式的弊端主要表现在：①要求学生被动服从、听话、遵守纪律和机械接受，不允许学生“离经叛道”；②学生管理主要立足于不出问题，不闹事，求得平平稳稳，而不是立足于发展学生各方面的能力，培养开创性人才；③在制订管理制度条例时，仅从管理的方便着眼，而不考虑学生的实际情况，因而在学生管理规章制度中有许多“不准”“不能”“不许”等条款，学生一旦违反，便会受到严重处罚，从而使得部分大学生不敢越雷池半步。

（3）学生参与管理机会方面的限制

受上述学生管理观念和管理方式的影响，管理者与被管理者之间界限分明，大学生很少有机会参与涉及他们本人成长发展的管理活动。根据调查，大学生对高校学生管理中不利于创业型人才培养的因素进行的选择中，“大多数学生参与管理的机会较少，管理能力得不到锻炼”排在首位，占77.7%。而在心理学家黄希庭对高创造力者眼中的成功障碍的研究中，大学生创造者选择人际矛盾冲突这一项占到了28%，仅次于缺乏物质条件，而在成人创造者眼中，人际矛盾冲突位居首位，占68%。这说明了在创业过程中人际关系的重要性，同时也在一定程度上反映了高等教育在这方面的不足。虽然大学生参与高校内部管理与对企业或公司的管理不同，但通过参与管理，和担任各种职务，获得与教师、学校管理者以及其他学生更多的交往机会，不仅可以锻炼他们的组织管理能力，还可以使其人际交往能力和团队合作能力得到很好的培养。这些能力对其创业实践来说，都是不可多得的宝贵财富。

2.高校创业教育学生管理变革举措

针对上述学生管理中不利于创业型人才培养的因素分析，应采取如下变革措施：

（1）树立“主体性”的学生管理及其评价观念

首先，相对于中小学生而言，大学生作为独立的个体，更倾向于独立、自主，他们希望教师和管理者把他们作为成人看待，放手让他们去做想做的事情，而不是对他们严加看守。从某种意义上说，大学生不仅仅是管理的对象，更是管理的主体，他们具有探索新知、追求新的活动方式、创造新的活动成果的内在需求和意向，而不只是被动、机械的接受。因此，管理者首先要转变其对象性的管理观念，树立“主体性”的学生管理观念，在管理中体现学生的主体性，重视学生的自主管理和自我管理。需要特别指出的是，我们说要树立“主体性”学生管理观念，并不是要管理者对大学生放任自流，而是要在管理过程中加强指导。

其次，管理者要转变其循规蹈矩的评价观，对学生的评价要看是否充分发挥其主体性，即树立主体性的管理评价观。在第六届“挑战杯”大学生科技竞赛中，出现了一种所谓的“刁佳杰现象”，即搞出科技发明的多数是“不听话”、平日行为有点“越轨”的大学生。这在一定程度上反映了高校学生管理者对学生评价的局限性。由此可见，在创业教育的条件下，要培养创新和创业人才，学生管理者的评价观不能再固守传统，而是要为学生提供条件，鼓励其充分发挥主体性。只有这样，创业型人才所必需的独立、自主、创新意识等才能沿着正确的轨道发展，自我管理能力才能得到有意识地培养，大学生创业教育的实施也才能顺利地进行。

（2）实行弹性学生管理方式

刚性的学生管理方式容易造成学生机械的服从、被动地接受，他们没有自己的主见，即使有也往往被压抑，从而形成依附性的人格。然而，创业者在创业的整个过程中，都需要不停地进行决策，而做决策则要求决策者必须有独立的分析能力、判断能力，这些都是依附性人格所欠缺的。因此，高校管理者要对大学生实行弹性的管理方式，要使学生在管理过程中更多地发挥其主体性；管理要立足于学生各方面能力的发展，立足于培养开创性的人才；在制订规章制度时，也要尽可能地从学生的发展方面考虑，而不仅仅是从管理的方便着眼。

（3）为大学生参与管理提供机会

学生参与管理是近年来世界高等教育管理发展的一大趋势。联合国教科文组织在世界高等教育大会上发表的《21世纪高等教育：展望行动世界宣言》中指出：“国家和高等院校的决策者应将学生视为高等教育改革的主要的和负责的参与者。这应包括学生参与有关高等教育问题的讨论，参与评估，参与课程和教学方法的改革，并在现行的体制范围内，参与制定政策和院校的管理工作”。在此，我们所讲的参与管理主要是指大学生参与院校的管理工作。高校管理者应尽可能地为有意参与院校管理的学生提供机会。譬如，在浙江商业职业技术学院，各级管理者尽可能地“下放权力”，一些力所能及的事情应放手让学生去管理，在可能的条件下尽量多地设置学生管理岗位，通过竞争上岗和轮流任职的方式使更多的学生得到锻炼。

学校是社会的一个缩影，高等院校尤其如此，学生在大学里通过参与各种管理，可以使其创业能力中的核心能力——社会能力得到锻炼，从而为大学生真正的创业实践打下良好的基础。

（二）校园文化建设

1.校园文化的内涵

文化是人类在社会历史发展过程中所创造的物质财富和精神财富的总和。校园文化是置身于社会主体文化背景中的一种具有自身特色的亚文化形态，属社区文化范畴。校园文化是一种在学校生活的每个成员所共同拥有的校园价值观和这些价值观在物质上与精神上具体化的文化形态，它由物质文化层面和精神文化层面构成。高校物质文化是高校发展过程中积累下来的外在物化形式的统称。它是校园文化建设的前提和条件，是精神文化赖以生存和发展的基础和载体，故又称载体文化。高校物质文化从形态上大体可分为三种：第一种是基础设施文化，包括教学设施、办公设备、教辅和后勤装备、文体活动场馆等；第二种是环境布局文化，包括校园的总体规划设计，园内绿化，楼堂馆所的美化等；第三种是制度规章文化，包括学籍管理制度、道德行为规范、生活作息制度、招生制度、文化娱乐方式等。高校的精神文化，是指大学校园里由师生长期营造的一种特定的精神环境和文化氛围，它是校园文化建设的灵魂工程。从形式上看，高校的精神文化大致也可分为三种：第一种是智能型文化，主要是以增长知识，开发智力为主要目的的科研文化，例如课外学术讲座、辩论赛、知识竞赛、校报校刊等；第二种是观念型文化，包括思想观念、价值观念、伦理道德观念、审美观念等；第三种是素质型文化，指的是由历史的沉淀而形成的独特的校园风气和校园精神，包括人文素养、心理素质、民主作风、治学风格等。

2.校园文化对创业的作用

良好的校园文化是实现创业教育目标与内容的重要方式与途径。创业教育的方式与途径是实施创业教育目标和内容的物质载体、工具手段和具体措施，它是特定时空条件和背景下，符合某一特定领域的特定性质，同时又充分体现创业教育本质属性的教育教学因素和措施的有机组合。从“目标与内容”转化为“方式与途径”，实际上是围绕创业教育的目标整合各种教育因素及措施，形成能够充分体现创业教育的思想和观念、要求和规范、价值和目的的校园文化。良好的校园文化可以将创业教育的目标和内容外显化、物质化、行为化，落实在具体的、微观的教育教学的运作过程中，体现在教师和学生的行为中。

创业教育的基本目标可以通过良好的校园文化的渲染而实现，校园文化具有的功能与作用有以下几点。

（1）导向和激励作用——树立创业意识

良好的校园文化是打造人才的优良环境，也是创业教育与创业活动适宜的土壤和条件。它通过价值取向导向、行为目标导向、规章制度导向，引导师生员工树立正确的价值观、创业观。在人生价值取向与事业价值取向上，良好的校园文化向人们展示的是：人生在世，必须要创一番事业，要运用自己的大脑与双手创造物质财富与精神财富，对国家和社会有所贡献。高校不仅要培养青年学生树立创业的自我意识，更要培养他们的创业社会意识，使大学生在形成社会义务感、社会道德感、社会责任感、社会使命感的基础上，树立起为集体、为国家、为社会艰苦奋斗、勇于开拓、不断创新的远大理想和宏伟志向。这一内容是创业教育的重点和难点。

校园文化的另一方面的作用是激励。学院的组织领导和管理者，为了实现既定目标，运用多种手段，给予师生员工以信任服务激励、生活学习关心激励以及成就挫折宣泄激励，来充分调动创业教育与创业的积极性。

（2）约束与调适功能——培养创业心理品质

校园文化对学校教育和管理具有约束与调适功能，通过组织、制度、观念、环境、人际等，实现约束与调适的功能，培养学生的创业心理品质。

个性心理倾向和特征有着一个逐步形成和发挥作用的过程，创业能力也不例外。创业能力是在个性的制约下形成并发挥作用的，是与个性心理倾向和个性心理特征紧密结合在一起的。在创业能力形成和发挥作用的过程中，创业者是否具有开创型的个性至关重要。因为个性心理倾向是人的身心组织的动力机制，它在相当程度上决定了一个人是否敢于投身于创业实践活动，而是否敢于投身于创业实践活动又直接关系到创业能力是否能够形成和提高。

创业所需的心理品质主要包括独立性、敢为性、坚韧性、克制性、适应性、合作性、缜密性、外向性等。为适应未来经济与社会发展的需要，针对开展创业的需要与我国青年学生的特点和弱点，要特别重视独立性、敢为性、适应性、合作性等心理品质的塑造。由于意志和情感过程是上述个性心理品质的核心，因此，要将培养坚韧不拔的意志力，培养热爱学习、热爱生活、热爱事业、热爱他人、热爱集体和祖国的品格，作为个性心理品质形成和发展的起点和重点，从而为创业品质的形成奠定坚实的基础。

学生社团是校园文化重要的参与者和创造者。学生社团的显著特点是它的自发性，具有共同的兴趣爱好的同学为切磋技艺、交流信息、探讨问题，由个体逐渐向群体发展，活动的内容、方式也由随意而为向有规划、有主题的方向发展。由于种种原因，每个成员加入社团的动机、目的不同，成员自身的素质也不尽相同，因而必然会对社团活动内容及形式产生不同的影响。学院对社团的管理，从组织方面、制度方面、观念方面要给予必要的引导，发挥其积极影响，控制其负面影响，要有意识地把创业教育引入社团活动之中，使社团活动成为一种积极的创业模拟活动，或成为探讨未来从事创业的研讨活动。

校园文化还具有调适功能。调适功能主要是指对人的一种调节和适应功能，使人在校园文化中，建立和谐的人际关系，培养健全的人格，促进身心健康发展。良好的校园文化的多样性可以从不同侧面、不同层次为学生提供锻炼活动能力与社会适应能力的条件和机会，使他们学习知识与锻炼能力两者兼顾。在具有共同兴趣、爱好和特长的同学组成的沙龙社团中，随着活动的增加，交流、接触的机会增多，学生们既交流了信息，又增进了友谊，他们在了解别人的同时，也在认识自己，从而增强自我批评与自我发展的能力，形成良好的心理承受力。而所有这些都是一个创业者所必须具备的。

（3）信息收集与传播功能——形成创业知识结构

伴随着信息社会和知识经济时代的到来，校园文化日渐丰富多彩。学生在信息流充斥的现代文化空间内，为了未来就业特别是创业的需要，应当具备收集信息、处理信息、运用信息的基本能力。作为校园内传播与综合信息的主要媒体之一的校园文化为学生迅速获取各类信息开辟了广阔空间，也为培养学生准确处理这些信息提供了极佳机遇。

收集信息的过程包括阅读、倾听、观察等。学校大量的图书资料、畅通的网络是学生获得信息与知识的主要载体，阅读仍然是学生获得信息的基本方式。创业知识结构主要包括专业职业知识、经营管理知识和综合性知识，它们包含在高校的显性课堂、隐性课堂之中，包括在校园环境之中。因此，听课、听演讲、听讲座，是学生收集知识信息的主要方式；参观、考察也是学生获取新信息的重要方式。处理信息主要是指对信息的过滤、筛选、加工和重组。处理与运用信息的过程主要体现在考试、写论文、学术竞赛、校园活动以及社会实践尤其是创业实践之中。新型人才不仅应当具备必要的专业技术，更应具备获取与处理信息和知识的能力，要能在未来社会中迅速介入和改换角色。这种对信息的处理与综合利用的能力对于创业来说是十分重要的。校园文化正好为此提供了良好的环境。在这个微型“准社会”系统中，学生通过组织、参与各类文化活动，对自身的智力水平进行整合、测试和演习，为未来的创业进行模拟“实战”。

对于创业教育来说，必须提倡创造性学习。要引导学生学会学习，即学会主动性学习，获得独立学习的能力，知道如何通过互联网和其他信息工具获取自己需要的知识，而且要努力做到边学边干，树立终身学习的观念。例如，演讲、辩论、竞赛活动，就要在创业教育的指导思想下，精心选题和收集资料，立足社会前沿，关注社会问题，调动学生的参与兴趣与热情，启动学生的创新热情，培养学生的创业兴趣，增加学生的创业知识。

（4）凝聚与辐射功能——提高创业能力

创业能力是一种以智力为核心的具有较高综合性的能力，创业能力结构的核心部分是智力，包括观察力、注意力、记忆力、想象力、创造力等，而它的中间层次则是操作能力、专业职业能力、经营管理能力等。优良的校园文化可为学生增强上述能力提供条件。校园文化的核心是一种被师生员工所认同的价值观，具有无形的、不可低估的凝聚力、向心力。校园文化应当围绕营造浓郁的创业教育氛围展开各类活动。学校各部门、各单位、各班级开展的各项工作都要注意落脚在这一目标上。只有真正确立校园文化的创业教育主题，各项活动才能有条不紊地开展，才能更好地发挥校园文化的作用。

校园文化中最活跃的主体是众多的学生社团组织，是学生进行信息交流、探索创业、深化与运用专业知识的场所。这些社团为大学生进行社会活动、开阔眼界、广泛接受外界信息、提高自身素养和创业能力提供了良好的场所。不少学生社团都积极开展创业实践活动，丰富校园创业文化，同时在校园社团的创业活动中逐渐形成自己的角色目标和社会化人格，逐渐提高自己的创业能力。正是由于校园文化所具有的感染力，才使学生的知识、能力和综合素质得到不断的充实与完善，使他们的视野更加开阔，思维更加活跃，经营管理能力和综合性能力也不断得到提高，而所有这些都是开展创业所必需的。

3. 创建良好的校园创业文化的途径

创建良好的校园创业文化要从精神文化层面和物质文化层面入手。

校园的精神文化形态是校园文化的核心和灵魂，主要包括学校的优良传统、师生员工的价值观念、道德意识、理想信念、审美情趣、心理素质等，它是校园文化的最高层次，对校园文化建设起着关键性作用。校园精神文化形态主要体现在审美、宣传教育、文化传统等群众性娱乐活动、学生社团活动、学术刊物、心理咨询等方面，融娱乐性、知识性、思维性为一体。在开展创业教育的情况下，校园的精神文化要尽可能地突出创业教育的主题，通过生动活泼、易于大学生所接受的形式愉悦身心、开启智慧、提升人格，对大学生的创业思想产生潜移默化的影响。如形式严肃活泼、生动有序、渴求新知、教学相长的良好课堂气氛，治学严谨、博大精深、诲人不倦的学术研究氛围，出版独具特色的校园活动刊物，举办课外学术讲座、演讲辩论等活动。校园精神文化形态是校园凝聚力、向心力和生命力的保障与体现，是开展创业教育不可或缺的条件。

校园的物质文化形态是学校的物质基础，校容校貌是校园文化最直观的外在表现形式。在创业教育的要求下，学校的人文景观、校园绿化、生活娱乐场所等“硬件”文化成果，都应尽可能地体现创业教育的主题，以对学生创业的思想、行为和情感产生一定的影响。学院的设施设备、图书资料应保证学生进行创业教育和开展创业活动的需要。而用以规范管理全校师生员工的教学管理制度、道德行为规范、招生分配制度及有关的教学、科研、服务、生产等各项规章条例，也要注意贯彻创业教育的指导思想，使学校的软环境对学生的创业教育产生重要影响。各个学校的物质基础不同，所表现的物质文化形态也不同，但都必须尽最大努力保证进行创业教育和开展创业活动的需要。

具体地说，创建培育良好的有利于创业教育的校园文化主要有以下三种方式和途径：

（1）环境熏陶

在高校，环境也是一种课程方式，它是一种隐性的、潜在的课程方式。高校要根据创业教育的目标、任务、内容和要求，在校园的学习、生活环境等物质环境建设上，尽量体现创业教育的主旨和目的。在校园广播、校园网络、黑板报、宣传栏、墙报等宣传阵地上，尽可能地形成有利于创业教育的人文环境；在学校的制度层面上，也要努力形成有利于创业教育的舆论、氛围和价值观念；在校园文化和心理层面上，要紧密结合校风、教风和学风建设进行创业教育；在师生关系和人际关系中，要形成一种平等互动的交往关系，以最大限度地让学生进入创业教育的氛围中。

（2）活动实施

活动的设置主要包括有机结合和专题活动两种情况。所谓有机结合，就是在原有活动课程的组织方式中，尽可能地将创业教育的目标、任务、内容和要求有机地融入并实施。比如：在学科活动、文艺活动、体育活动、科技活动、劳动活动、集会、党团活动等活动中，要渗透创业意识的任务和要求；在学科兴趣小组活动中，要努力融入创业知识和技能的内容；在各类竞赛与比赛活动中，要突出或结合创业教育的主题；在各类小发明、小制作、小创造活动中，要提出创业个性类和创业能力类的任务和要求；在各种自我服务性劳动、公益性劳动和生产劳动中，要结合创业意识类、创业个性类、创业技能类的任务和要求等。在活动课程中结合创业教育的任务和要求，是高等教育实施创业教育，更是创建良好的校园创业文化的有效手段。

所谓主题活动，就是根据创业教育的目标和内容专门设置的主题明确的创业教育活动，主要方式有参观、访问、社会调查、竞赛、野营拉练等。参观、访问，是一种有明确主题的创业意识类的专题活动，如参观某个白手起家现已成为明星企业的乡镇企业，访问创业成功人士，请他介绍创业的奋斗历程等。社会调查，是有明确主题的创业能力类专题。社会调查过程和撰写调查报告涉及发现问题、分析问题、解决问题（模拟性质）的综合性能力，因而是一种有深度、有价值的活动形式。如调查某一产品在市场崛起，又突然消失的主要原因。竞赛，是有明确主题的创业技能类的专题活动，如某一产品广告设计比赛、推销产品计划比赛等。还可专门组织创业教育的有关讲座、观摩活动。这些活动一般要有特定的活动方式，明确的活动目的。这一类活动都应注意发挥学生社团的作用，加入学生社团可以视为大学生进入社会之前的“热身”。有社团活动经验的大学生在进入社会时无疑多了一些成功的机会。

（3）开展创业实践活动

创业实践活动是以社会实践为纽带、以实践成果为价值判断的教育方式。创业实践活动是项目活动。学生个体或团体自主选择自己感兴趣的项目，可在业余时间进行，也可列入课程系列。创业实践活动“项目”与活动“主题”相比，其综合性、实践性、操作性更大，需要学生动脑动手，亲自操作，收集资料，进行观察、整理分析资料等。完成这样的项目，不仅需要认知、情感、动作技能范畴的活动，而且涉及生产操作和经营管理，属于创业能力和技能类的活动。创业实践活动中经常使用的方式主要有三种：一是社会情景法。创设或引进创业实践活动的具体场景和过程，形象、直观地再现创业实践活动的特定社会情景，从而使受教育者从整体上把握创业实践活动的内在规律性，形成对创业实践的真实情感体验。二是实践操作法。以手脑并用、协调动作的实际训练和操作为基本方式，以培养创业技能和能力为主要目的。三是问题探究法。从实践过程中发现的综合性问题出发，培养受教育者发现问题、分析问题、处理问题、解决问题的综合性能力。在创业实践活动中，社会实践活动应贯穿于整个教育活动之中，要将所有的教育元素、教育手段联结起来、综合起来，成为创业教育过程中教育活动和自我教育活动的物质载体，要将教育活动和自我教育活动联结起来，并充当两者之间的中介和媒体。

二、政府

（一）政府在大学生创业投资发展中的地位

在大学生创业投资发展过程中，政府的作用是不可或缺的。首先，大学生创业投资存在着外部经济性，即收益并没有全部由生产者获得，就像养蜂者可以使果农增加收入，但并不能得到由此增加的收入一样。市场机制不可能使具有外部经济性的产品达到资源配置的有效状态，为此，需要政府发挥作用。其次，创业投资存在着信息上的不对称，不确定因素太多。创业投资的有效运作要以投资者完全的掌握市场信息为前提，但事实上，大多数投资者的信息是不完全的，无论从技术上看还是从采集信息的成本上看，都是如此。信息不完全就可能导致投资失误，市场运作就缺乏效率，而政府对整个市场的信息有着全面和宏观的把握，如果政府参与指导创业投资活动，将会大大降低创业投资的失败率。最后，投资机制的运作需要相应的规则和秩序。创业投资主体要求相互之间平等参与竞争，自愿、诚实、守信地进行投资活动。因此，必须建立强有力的规则和秩序，而这无疑是政府的职责所在。发达国家的经验也表明，政府在大学生创业投资发展中的作用极其重要。目前，我国的大学生创业投资还处于起步阶段，政府如何发挥作用及在哪些方面发挥作用事关我国大学生创业投资的前途与发展。

（二）政府对大学生创业投资的积极引导

1.制定相关法规，提供政策保障

（1）制定相关法规，促进大学生创业投资发展

在美国，先是修改了《国内税收》（IRC）第244条，允许对小型企业投入达2.5万美元的投资者从其一般收入中冲销由此给投资者带来的任何资本损失，从而降低了其税收负担。随后国会又通过了《1958年小企业投资法》，规定了小企业投资公司（SBIC）由美国小企业管理局（SBA）颁发执照，专门从事高技术创业投资，除了可用自筹资本投资外，还允许向美国小企业管理局（SBA）申请贷款用于投资，并能享受特殊的税收优惠。1978年，美国劳动部对《雇员退休收入保障法》中关于养老基金投资的“谨慎人”条款提出了新的解释，允许其购买小企业、新企业和创业基金发行的证券。1980年，国会通过了《1980年小企业投资促进法》，确认合伙企业的性质为“商业发展公司”，不受《1940年投资顾问法》的管辖。1981年，国会制定了《股权选择权促进法》，准许把股票选择权作为投资者的报酬，并把纳税环节从行使选择权时推迟到出售股票时。我国台湾地区在1983年首次颁布了《风险资本条例》，规定对投资于高技术领域的企业实行退款20%的制度，对投资于具有“战略性”产业（微型计算机、精密机械和生物工程等）中的企业提供专项贷款和补助金。

（2）制定优惠的融资政策，拓宽融资渠道

在加拿大，小型企业贷款法规规定年营业额低于150万加拿大元的企业，在开办时，有政府担保可贷款10万加拿大元，10年内按市场利率加1%作为本利偿还。联邦企业发展银行协助不能从主流渠道获得贷款的小企业，为其向商业银行提供贷款担保书。美国政府还修改养老基金管理条例，允许养老基金和保险公司等机构投资者参与创业投资。日本政府针对中小高技术企业信用薄弱而资金需求迫切的情况，设立了中小企业金融公库、工商组合中央公库、中小企业信用保险公库等政策性金融机构，以有利条件向特定企业提供贷款。

（3）实施优惠的税收政策

许多国家和地区为了鼓励大学生创业投资的发展，制定了许多优惠政策。比如给予R&D费用的税收抵免、准许投资高技术产业研究开发的仪器设备实行加速折旧、提供技术转让和损失报批方面的税收优惠等。美国将创业企业的所得税率由1970年的49.5%降至1980年的20%。具体做法是：创业投资所得额的60%免除征收所得税，其余的40%减半征收所得税。美国政府规定，凡是当年R&D支出超过前3年R&D费用平均值的，其增加部分给予20%的税收抵免。对于投资高技术产业研究开发的仪器设备实行加速折旧，折旧年限为3年，是所有设备折旧年限中最短的。法国于1985年颁布的第85—695号法案规定：创业投资公司从持有

的非上市股票中获得的收益或资本净收益可以免交所得税，免税额最高可达收益的 1/3。公司出让技术取得的收入按 19%的税率征税（否则，需缴纳 33.33%的预提税）。新加坡政府规定，创业投资最初 5～10 年完全免税。1984 年，新加坡政府宣布，凡是向得到政府批准的高技术项目投资的本国公司，如果投资项目赔本，可以从本公司收入中免缴相当于投资的 50%的所得税。1986 年，政府又进一步允许创业投资公司可以从以后的所得税中扣除从被批准的创业企业购买股票而造成的任何损失，同时，创业企业可以从所得税中扣除损失金额。

（4）提供补贴

向创业投资公司和创业企业提供经济补贴是西方发达国家支持创业投资的有力措施。美国的《小企业发展法》明确规定：R&D 经费超过 1 亿美元的国防部、国家科学基金等部门实施小企业创新研究计划，每年拨出研究经费的 1.25%支持创业企业的创新活动，而且美国的一些地方政府还建立了专门向从事高技术开发的企业提供补贴的地方科学基金。新加坡政府则规定凡投资于高技术产业的企业，连续亏损三年者，可获得 50%的补贴。第二次世界大战以后，日本政府先后向企业提供了“重要工业技术研究开发经费补贴”“技术改善经费补贴”“民间运输机械开发补贴”等，并在 20 世纪 70 年代规定，凡企业利用创业资本实施新技术、新产品开发，均可从政府得到约占开发总支出的 1/2 或 1/3 的补贴。

2.营造创业投资基础环境

（1）健全证券市场，设立各种场外交易市场

除了众所周知的主板市场外，许多国家纷纷设立二板股票市场和各种场外交易市场，为创业资本的退出和高技术的直接融资提供了便利。在美国，多数高技术公司选择在纳斯达克证券市场上市。英国于 1980 年底建立 VSM 证券市场，有 350 个以上的高技术创业企业在 VSM 市场发行了 30 亿英镑的股票。日本政府也于 1983 年分别在大阪、东京和名古屋建立了第二板市场，上市条件是资产净值达 85 万美元以上、税前利润达到 4%，为创业投资的变现、退出提供了场所。英国在 1980 年 12 月成立了场外证券市场，到 1986 年 3 月，已经有 433 家公司进入该市场。

（2）制定政府采购政策，创造市场需求

许多国家都把政府采购作为促进本国高技术产业发展的重要措施。通过政府采购为高技术产业化开辟初期市场。政府采购可以有效地降低创业投资的投资风险和市场销售风险，刺激资金尤其是民间资本流向高收益高风险的创业企业。美国在 1933 年就制定了《购买美国产品法》，20 世纪 50 年代起创业小企业的电子产品几乎全部被国防部所采购，充分体现了政府的产业倾向政策，造就了今天的“硅谷”神话，培育了 128 号高速公路产业带。美国自

20世纪60年代就制定了《政府采购法》，对高技术产业及战略性产业进行扶持。克林顿政府上台不久，在全面经济计划中，为扶持创新产品的初期市场，仅计算机及其相关产品的政府采购就达90亿美元。

3. 政府直接参与创业投资

（1）提供启动资金

据统计，创业企业在创业中期的失败率超过70%，高风险使大部分投资者望而却步。特别是在创业投资早期，人们普遍对这种新型的投资方式认识不足，缺乏信心，民间资本很难有效参与。这些因素直接导致创业企业资金的匮乏，阻碍了创业投资的发展。为了壮大大学生的创业资本，提高大学生参与创业投资的积极性，各国政府纷纷采取措施，出资筹集创业资本，分担创业投资者的投资风险，鼓励民间创业投资。比如，美国1982年通过《小企业发展法》，规定年度R&D经费超过1亿美元的，联邦政府部门必须依法实施“小企业创新研究计划”，每年拨出法定比例的R&D经费支持小企业开展创新活动。英国贸易和工业部门将政府支持的高技术发展专款的20%作为高技术产业的开发费用，并在1981年成立了专门投资于高技术企业的英国技术集团（BTG），该集团到1994年先后向430家高技术企业提供了3.26亿英镑的资助。澳大利亚规定企业科技开发的60%由政府通过免税方式提供。但是必须看到，政府提供的创业资本是相当有限的，它的目的主要是带动民间资本进入创业投资领域，并在创业过程中起示范和引导作用。

（2）提供信用担保

一般来说，大学生创业投资企业不具有可供担保的资产，很难从常规信贷和传统投资渠道筹集创业资本，因此，许多国家选择了政府担保手段。通过担保，政府可以用少量的资金带动大量民间资本投向创业投资企业。国外的实践说明，政府提供1元资金用于创业投资担保，就可以带动10元～15元的资金流向创业投资企业，转化为创业资本。比如，英国从1981年开始实施信贷担保计划，支持银行向小企业提供中长期贷款，最高限额为10万英镑，偿还期为2～7年。贸工部为借款人提供担保，若借款人不能如期偿还债务，贸工部负责按2.5%的年息偿还债务的70%。美国于1995年成立了中小企业管理局，承担对高技术中小企业的银行贷款担保，贷款在15.5万美元以下的提供90%的担保；贷款在15.5万美元～25万美元提供85%的担保。1993年美国国会又通过了一项法案，规定银行向创业投资企业贷款可占项目总投资的90%，如果创业投资企业破产，政府负责偿还债务的90%，并拍卖创业投资企业的资产。1989～1994年，德国政府的一项计划一直为创业投资者提供无息贷款。法国的一项由政府出资的基金，为中小型高技术企业的银行贷款提供的担保可达贷款总额的50%。

4. 借鉴

对于我国来说，政府要从创业强国、富民的角度，重视大学生创业环境的建设，为大学生提供创业平台。第一，按照政府调节、市场监督、社会服务的要求，健全大学生创业教育信息服务、技术咨询服务、市场指导服务、创业人才服务等为主要内容的创业资助体系，为大学生创业提供方便。第二，进一步加快制度环境建设。比如，首先是政府拿出一定的财政资金，建立大学生创业基金，实行无息贷款。创业基金主要用于扶持经过专家论证具有良好前景的创业项目。创业基金发放的数额由估价师估价后确定。创业项目启动后，一定年限内还清基金贷款。若到期无法偿还基金贷款，政府将依据企业破产法和其他有关规定，没收企业的资产抵押创业基金的金额。而对在创业过程中做出了贡献的学生，国家应该给予物质和精神上的奖励。其次，在有效防范金融风险的前提下，可以通过吸引社会资本和外资等各类民间资本，通过参股、联合等方式参与教育领域创业教育的投资建设；鼓励中小企业和学校联手办企业，走企、校、研结合的路子，在快速壮大一批中小企业的同时，也推进高校创业专业教育与创业教育的紧密结合。第三，政府在设立创业基金的同时，鼓励银行发放学生创业贷款，为大学生创业提供资金支持。第四，进一步加大政策支持力度，鼓励大学生创业。比如，优先考虑给予学生创业小额贷款；给予在创业的大学生定期的创业教育培训；按有关规定视具体情况减免一定的大学生创业税收；对大学生创业用地按有关规定给予适当的价格优惠；对大学生创业提供免费的创业指导等，为大学生创业提供良好的外部环境。第五，加强学生创业培训，增加政府对创业培训的投入。同时，鼓励社会各方面力量建立创业培训机构，参与创业培训、再创业培训，提高大学生创业素质和创业能力。

三、社会与家庭

（一）社会

应通过舆论引导和广泛参与为创业教育提供强大的思想基础和社会认同。

目前，创业教育的研究和推广还主要局限在教育界特别是高校内部，社会各界对创业教育的认识还有限，在全社会范围内还未引起广泛反响和有力回应，高校“孤军奋进”显得力不从心。而且，创业教育地区发展也不平衡，有的地方搞得有声有色，有的地方却无声无息。要想得到更好发展，一是要形成以政府为主导，以高校为主体，全社会关注与支持的创业教育新格局。应当通过各种大众传播媒体，向全社会广泛宣传创业教育，使“敢于创业，创业光荣”成为社会的普遍共识，使创业教育成为社会的责任、高校的使命、家庭及个人的自觉行动，从而为创业教育营造一个良好的社会氛围和环境。二是在政府的鼓励和支持下，使民办创业教育机构成为社会力量办学的一个有机组成部分。民办创业教育机构可以借鉴西方国家创业教育的一些成功经验，吸收如美国卡耐基、安东尼的成功教育经验，结合我国实际，加强与高校的合作和联合，使之在未来的创业教育中扮演重要的角色。三是积极扶植大学生创业的中介机构，使之为大学生在创办企业、产品开发、科研成果转化中寻求相关企业、资金支持和法律、政策咨询架通桥梁，搭建平台。四是一批创新、创业能力强的大企业、大集团，一批成长较好的中小企业，一批竞争力强的民营企业可以利用高校人才优势，通过给高校企业课题研究，让高校学生、老师了解目前企业创业过程中存在的问题，了解企业创业过程中最需要、最适应、最前沿的成果，有利于学生获得相关知识。五是建立社会中介的创业教育评估机构。工作是否有效的一个重要反馈途径就是评估。高校创业教育评估机构的专家可以由懂教育的资深评估专家，知名企业家、实业家，企业中、高层管理者，少量一线工人，风险投资家，高校创业教育研究者，高校创业教师等组成。由他们根据高校创业教育的创业教育理念、创业教育教学效果（包括教学方法、教师教学能力、教学环节）、创业教师质量（包括教师队伍建设，教师学历、职称、类型、综合素质等）、管理制度（包括激励制度、日常管理制度等）、社会影响五个方面对创业教育定期进行发展性评估，以促进高校创业教育建立有效的反馈环境。

（二）家庭

家庭通过精神鼓励和物质支持为创业教育提供必要的保障。

在当今中国，家庭是大学生成长的重要经济支撑和精神支撑，家庭对学生的世界观、价值观、人生观的形成有着至关重要的作用，对学生的就业观、创业观的形成也会发生潜移默化的影响。家庭背景对学生创业素质和创造性的人格培养具有直接或间接的影响，家庭的态度也会影响创业教育的效果。如果家庭特别是家长对学生开展创业实践持积极态度，则会使学生对创业实践充满热情和信心；反之，则会使学生一旦遇到挫折，就极有可能一蹶不振，灰心丧气。为此，学校要积极争取学生家庭特别是学生家长对学生创业的支持与配合，使他们满怀信心与热情去开拓事业，迎接人生的挑战。

第八章 基于慕课背景下的大学生创新创业教育与能力培养

第一节 慕课对高等教育带来的机遇与挑战

虽然慕课的发展对传统高等教育产生挑战，但是其开放、自由的特性也意味着高等教育可以在这一系列的挑战中找到突破口，同时慕课的一些局限性也决定了高校教育体系有着更深远的发展机遇。

一、高可用性的课程资源

慕课的资源是向任何人开放的，自然也可以成为高等教育的辅助资源，这种资源的生命周期相当长，在经历了课程设计、内容制作、进度管理体系建设完成以后，可以反复的使用，不因任何个人或物理因素而消逝，这是慕课形式带给教育事业的馈赠，高等教育应该牢牢把握这个机遇，将有限的课堂时间和教学资源从普通的知识点、基础教学中抽离出来，而将课堂转变为更有现实意义的师生交流、方法学习、能力培养的过程。

二、教学方式的创新思维

网络信息技术和新数字媒体设备落地教室，教师教的方式和学生学习的方式发生变化，教师通过媒体设备，用现代化的教学理念将课堂教学走向信息化、多元化、个性化，改变以往常规教室里的灌输式教学，传统定点定时的面授式教学已经无法满足学习者的需求。

改变灌输式教学，引导学生自主学习，有一些慕课的研究者已经在尝试“翻转课堂”，其中最重要的一点就是：将原有的课上学习，课后复习的教学模式，改变为课前看慕课的视频，在面授课堂上采用师生交流，学生提问老师回答的模式。而这种教学模式，是大学教育的未来发展方向之一，而前提是慕课资源系统化程度和知识深度已经能够满足学生的基本培养方案。

现今的大学课程教育，还停留在课堂授课，而课堂授课时间短，不同学生学习能力各不相同，教师在课堂上的讲解会占据绝大多数的时间，师生的交流往往仅限于课间和课后的答疑，而且由于国内的大学生“腼腆”的个性，导致大学生错失了不少的机会，大学里不乏连老师姓名和课程名称都记不住的学生。

面对这种情况，学校应该充分发挥教学团队的合作精神，加大助教的作用，组织学生自发的探究和研讨，多开展交流活动，学生的学习应该更主动更自觉，在团队式的学习中不断培养自己的能力。

三、网络学分融入现实教育

由于国内从社会到家庭对学历教育的认可程度，很少的机构会接受仅有网络教学认证资格的人才，而慕课在学业成果认证的严苛性以及含金量也证明这一点，社会需要相当长的一段时间来认识到认知慕课式学历认证的能力，慕课本身更是需要时间和精力去解决这一问题，所以慕课本身留给我们高校的时间是充足的，但是高校间关于慕课的竞争已经激烈展开了。2015 年，麻省理工学院率先推出线上+线下融合的硕士学位计划，清华大学计划于 2016 年试点部分专业加入网络学分认证，也有更多的高校正在考虑将网络学分与现实学分的融合纳入规划。

国内慕课的建设仍然存在一些误区和缺陷，国内慕课的发展，更多的是以高校为主导，仅有少数的高校以联盟和合作的方式共同建设慕课平台，但现有的联合限制较多，大量的高校都在探索本校慕课的建设工作，缺乏统一的科学规划，某些地区辖区内教育资源相对匮乏，但仍然建立了自身的慕课平台，没有资源、没有技术，所谓的平台流于形式，缺乏科学的管理模式和健全的组织机构，各自为政、资源浪费的情况比较严重。而建设方式则参考国际环境中主流慕课平台的发展模式，从技术手段到管理办法，从学科设置到培养方案。因此，国内的慕课机构秉承了国际慕课平台的优点，但是国际慕课甚至整个慕课行业的缺点，国内慕课平台并没有很好的解决。如慕课现在的高辍学率，低结课率，学习成果难以得到有效认证，学科设计与日常在校培养方案联系不紧密等等。

我国高校能否迅速地认清形势并迅速做出反应，将在很大的程度上决定其未来 3～5 年的行业地位。

四、实践能力培养的优势

虽然还不能达到社会对实践型人才的需求，但与慕课教学的纯在线模式相比，高等教育的实践能力培养仍然有较大优势。

慕课可以在一定程度上解放高校的基础知识教育，这是教育界的普遍共识。更多的资源和精力可以向实践能力培养上倾斜。高校应更加主动的建设优秀的实际操作环境，在实验室建设、实践基地扩展投入更多。高校还应充分利用优质资源，尝试新的培养思路，如：学生在慕课平台上学习基础知识→在课堂上老师示范并交流→在实践模拟环境里动手练习。

如今的大学毕业生群体饱受社会的诟病，常被认为“眼高手低”，动手能力弱，缺少社会经验，缺少与人打交道的能力。与国外的大学教育相比，国内的教育过于偏重课堂讲解，仍然没有完全脱离高中的死记硬背模式，平时管理松懈，学生自由散漫，学生普遍缺少与专业相关的实践机会。培养社会需要、社会认可的高水平大学生，是高校机构不可推卸的责任。

五、高校主导的慕课发展模式

我国的慕课平台，绝大多数仍然掌握在重点高校和教育主管部门手中，相对于纯商业的营利性机构，这样的设置更能集中优质资源，释放学术信号。

高校主导慕课发展，并且学校负责慕课建设的领导团队要认清自己的角色，因为其不仅仅引导的是本学校的慕课建设，更引导的是中国的慕课在教育应用中未来的发展方向，这是时代赋予管理者和决策者的使命。慕课强调合作、资源共享，而综合型重点大学首先应该打破外部学校与学校，内部学院与学院之间的壁垒，不仅发展自身学院学科的慕课，还可以将有关联性的应用型专业和科研型专业尝试融合。中国的慕课不仅要向世界学习，更应该有自己特色的创新，将中国高等教育的影响扩散到世界范围。

第二节　慕课背景下高校创新创业教育新生态的形成

一、“慕课”的优势

“慕课”较以往传统的教育教学模式有着其独特的先天优势。首先，“慕课”的开放性特点，决定了只要有互联网的地方就有课堂，打破了传统授课的时间和地域限制；其次，“慕课”的个性化特点，决定了学生可以根据自己的兴趣和喜好选择课堂，以兴趣为导向，课堂更具吸引力；再次，“慕课”的交互性特点，决定了学习者可以通过线上线下交流互动的形式更好地完成学习，在微课堂、提问、练习等探讨式学习的环节中，获得更高质量的学习体验；同时，“慕课”的大规模特点，还打破了大学的“围墙”，集中了优质的教育资源，促进了学生终生学习的养成、促进其全面发展；最后，“慕课”与新媒体技术的天然联系，对受众为网络原住民的“95后”大学生而言，具有极强的感召力和渗透性。

二、“慕课”为高校创新创业教育模式的转变提供新思维

（一）高校传统的创新创业教育模式面临的挑战

随着我国加快推动创新驱动发展战略的步伐，“大众创业、万众创新”的浪潮迅速席卷全国。2015年国务院办公厅出台了《关于深化高等学校创新创业教育改革的实施意见》，对高校的创新创业教育改革提出了总体要求和部署，要求促进高校进一步完善人才培养质量标准和创新人才培育机制、健全创新创业教育课程体系、强化创新创业实践。然而，高校当前的创新创业教育在机遇大好的时代背景下却未能得到良好的发展。

综合高校传统创新创业教育现状，当前存在的主要问题有：创新创业的课程体系不够完善、教学方法单一、师资力量较为薄弱、学生创新创业热情没有被充分调动、教学模式不够

健全等。可以说，传统课堂上“灌输式”的教育方法已然不适用于新形势下创新创业教育的需求。

（二）“慕课”的兴起与大学生对新媒体的依赖性

“慕课”的悄然兴起及其在短时间内的迅速膨胀，给高校传统的创新创业教育注射了一剂“强心针”。这种教学方法带给学习者的开放性和自由度，显然十分受用于“95后”的大学生群体。

当前“95后”大学生，伴随网络新媒体的迅速崛起而成长，对新媒体有着天然的亲密度，甚至患上了新媒体的“依赖症”。而“慕课”不拘于时间、人数及地域，让学习者根据自己的安排随时随地享受到高质量的学习体验，是一种在大学生中认可度和接受度很高的教学方式。高校应该认真思考如何将创新创业教育与“慕课”更好地融合，从而为创新创业教育的革新带来长足的发展动力。

（三）“慕课”的楔入为高校创新创业教育带来的机遇

“慕课”与创新创业教育的融合，为高校的创新创业教育带了发展机遇。当前的创新创业教育往往拘泥于传统课堂，枯燥的说教无法满足学生激发创新思维，也无法给学生提供实践的平台，往往收效甚微。而“慕课”可以吸纳优质课程，及时更新新的技术理念和创业模式，利用线上线下结合的方式，让学习者在线上进行学习和交互式讨论，给学生更多的思考空间和交流平台，再通过线下的实践指导，达到真正的教育目的，使学生创新有动力，创业有保障。那么，如何能让“慕课”更好的楔入高校创新创业教育，促成“慕课”与高校创新创业教育融合发展的新生态，是值得我们认真探索的问题。

三、“慕课”和高校创新创业教育融合发展形成的新生态

（一）以“慕课”为背景，积极树立高校创新创业教育的新理念

“创新教育是区别于传统教育模式，以培养创新意识、创新能力、创新精神、创新思维以及创新人才等为目的的教育思想和教育理念创业教育，从广义上讲是指培养具有开拓性的个人，重视其首创、冒险精神，创业及独立工作能力以及技术、社交、管理技能。”鉴于创新创业教育的共同宗旨——创新创业人才培养的迫切任务，高校必须树立新的教学理念，从而更好地完成人才培养的重任，为建设创新型国家提供有力的智力支撑。

传统的高校课堂，仍然采用以教师为中心、以课堂为载体，以课本为导向的教育理念，学生仅仅作为被动的知识接收者，这种教育方式已经不能很好地实现提升大学生创新创业能力的需求。因此高校必须积极更新教育理念，改革创新创业人才培育模式。“一个完整的课程教学设计一般包括四个基本要素：确定教学所要达到的预期目标（目标）；对相应的知识

经验的选择（内容）；有效教学的组织（策略）；获得必要的教学反馈（评价）。”以上是传统的教学过程的框架和走向。所以在“慕课”的背景下，高校应积极树立创新创业教育的新理念。即除了四个基本的要素之外，更加着力于提升学生学习的自主性，提升学生的自我管理和自我监督的主动性，在学习中通过建立学生与教育者的交流渠道，完成“一对一”的交流和探讨，并通过网络讨论组、论坛等平台和其他学习者进行交流互动，从而实现传统专业知识向实践能力培养的方向转变，强化大学生勇于创新，勇于探索的精神，提高大学生善于解决问题的实践能力，以适应国家创新创业战略发展的需要。

（二）以“慕课”为载体，积极开设高校创新创业教育的新课程

就学校层面而言，首先，应大量引进国外的优质创新创业课程资源，在学校的“慕课”平台上进行推广，使学习者学习和借鉴国外先进的创新创业教育理念和学习方法，也是对现阶段有限的国内优质创新创业课程的一种补充。其次，应加大对创新创业课程的投入力度，创建学校的创新创业课程“慕课”平台，鼓励教师设计优质的“慕课”，打造与各个专业密切相关的平台课程，在平台的顶端设计上划分专业群体，使课程更有针对性和吸引力，并根据专业实际情况设置“慕课”为选修或必修课程，规范创新创业课程学分，发挥“慕课”的实际效能。最后，学校应借助“慕课”的创新创业平台，开展一系列创新创业竞赛和活动，一则为学生的实践提供良好的施展空间，二则通过打造品牌活动扩大影响力，从而为学生的创新创业提供更为广泛的社会渠道。

就教师层面而言，首先应善于学习，善于思考，在设计“慕课”课程时，把握好创新创业教育实践性和应用型较强的特点，在传统的课程设计中增加创新创业实践成功的经验，为学习者掌握创新创业技能提供更多的个性化选择，以适应学生的多元化需求。其次应与时俱进，根据社会发展变化和最新的创业形式来定期更新和调整课程设置，用鲜活生动的例子丰富课程内容，使课程更具有吸引力。最后可以利用“微课堂”等形式，精简课程内容，增加创新课程的实用性，使课程更加广泛的被人接受。

（三）以“慕课”为依托，积极养成高校创新创业教育的新生态

为了促进健康良好新生态的养成，高校应对创新创业教育的全过程护以关注，不能只停留在口号上。

首先，要积极培育学生的创新思维和创业理念，借助“慕课”多元化的教学手段，进行有效的信息传递，让学生感知和了解创新和创业的具体过程，将实践细节融入课程教学。

其次，应通过多元化的创新创业课程体系的设置，积极创建第一课堂和第二课堂，并通过巧妙的课程设计，实现两个课堂之间的联动，打通基础知识教学和实践教学，在课外通过

邀请知名企业家或有丰富创业经验的“大咖”与学生交流座谈，推动创新创业教育落到实地。

再次，利用学校的宣传平台，多方位的展示优质创新创业平台课，使学校从上至下形成浓郁的创新创业氛围，并对创新创业人才进行一定的资金支持和奖励，促进创新创业新生态的养成。

最后，与政府联通，与企业接洽，积极开拓创新创业人才的输出渠道，形成课程设计、平台构建、人才培养、人才输出的良性循环。

（四）以“慕课”为抓手，积极构筑高校创新创业教育的新阵地

高校应以“慕课”为抓手，利用互联网和新媒体的技术手段，构筑创新创业教育的网络阵地。打造创新创业教育的线上平台，高校应从以下几个方面入手。

首先，利用QQ群、微博等平台宣传创新创业优质课程，通过优质课程的展播和创新创业人才取得成果的报道来扩大影响力和课程吸引力。

其次，创立“创新创业教育慕课”微信公众号，通过公众号推送最新资讯，提供创新创业赛事信息，提供创新创业实践项目渠道。

再次，建立网络模拟创业实验室，让学生在网络的虚拟环境中体验创业流程，激发创业热情，提升自身的创新素质。

最后，创建网络帖吧、“慕课”谈论，为学生的互动交流创建沟通的平台，激发学生的创业灵感从线上平台，教育者可以更加及时和有效的收集和掌握学生的学习状态，从而建设高校创新创业的网络阵地。

在“慕课”与高校创新创业教育模式革新实践过程中，值得我们关注的是，“慕课”虽以其强大的先天优势，在高校的创新创业教育中得到发展，但并不能完全代替传统的创新创业人才培育课堂。因此，“慕课”应找准自身在高校创新创业教育中的定位，与传统课堂相辅相成，才能获得更加良性的发展。

第三节　慕课背景下大学生创新创业教育与能力培养

一、慕课应用于创新创业教育中的可行性

（一）慕课的竞争性能够提高高校重视程度

高校创新创业课程如果以慕课的形式出现在网络中，慕课的竞争性就会直接带来教育主管部门、教师以及广大学习者对各高校创新创业课程的直观评价。根据学习者听课后对课程的评分，评价高的课程会被广为宣传，甚至可以得到国际同行的好评而迈向世界，促使学校

知名度的提升；而评价低的学校则会面临比较大的舆论压力。这种近乎优胜劣汰的市场化运作模式能够迅速提高各高校对创新创业课程的重视程度，从而加大对课程质量的管理以及对网络平台的建设，这对高校创新创业教育的发展是十分有利的。

（二）慕课的自由性能够补充实践课程不足

就目前各高校的创新创业课程的师资水平来看，想让实践课程达到理想状态还是一个难以实现的目标。而来源于世界名校的慕课恰好可以作为实践内容的有力补充，慕课中的实践内容既可以让学生直接学习，又可以经过教师的学习之后再在课堂上传授给学生。学习者可以根据自己的需要在网上自由选择各种实践课程，并且可以自行安排学习时间，使学习更具有个性化，这就能够体现出慕课的自由性在学习者学习过程中的重要作用。

（三）慕课的规模性能够丰富创新创业课程体系

我国高校的创新创业课程体系并不完善，需要在仔细研究创新创业教育的基础上系统地规范和丰富课程体系。在规范和丰富课程体系的过程中，需要借鉴国外高校的先进经验，而来自慕课中的大量创新创业教育课程正好可以起到很好的借鉴作用，互联网上的所有创新创业课程都可能成为借鉴的对象，都可能给课程改革和完善提供帮助，特别是网上海量的课程门类和内容使教学改革者的目光不仅仅局限于世界名校，一些并不知名的院校的课程也可能特别适合中国大学的实际情况，成为我们学习的对象。因此，慕课的规模性对于丰富创新创业课程体系具有重要作用。

（四）慕课的开放性能够提升高校师资水平

尽管我国高校目前普遍缺乏理论知识、实践能力以及超前意识兼备的创新创业教育教师团队，但通过慕课这种世界性课程资源我们可以直接向西方国家的名校学习先进的教育理念和教学方法，从而提高我国高校创新创业教育教师团队的整体水平。教师可以通过网上创新创业课程平台进行在线交流，在学习名校经验的同时，互相学习，共同进步。

（五）慕课的大众性能够满足高校服务社会

目前，我国创新创业教育仅局限于高校，不能满足国家号召的全民创业方针的需求。这就很有可能使社会上的一些具备创新创业天赋和条件的人员因为没有机会接受系统的创新创业教育而失去创新创业的机遇或者在创新创业中遇到重大挫折后以失败告终。慕课中的创新创业课程的出现正好可以在一定程度上解决这一问题，因为慕课的大众传播性特点是世界上任何一所高校都无法相比的。因此，基于高校服务社会的要求，各高校都应该在网上大力开发创新创业课程平台，多推出相关的精品课程，免费向社会开放，为提高社会大众的创新创业意识和能力贡献力量，为实现全民创业提供条件。

二、慕课在创新创业教育模式中的开放性

（一）慕课在高校创新创业教育中应准确定位

从慕课的未来发展趋势上来看，随着技术手段的进步和人们学习意识的提升，慕课在教育领域将会有很大的作为，但是，慕课未来不会完全取代高校现有的传统教育模式，因为传统高校教育模式中有一些特有的优势是慕课无法实现的。比如，学生与教师之间以及学生之间随时随地近距离交流所带来的情感享受，教师的人格魅力所产生的育人效果等。

因此，慕课应该作为高校教育中的辅助者。但在高校的创新创业教育课程中，由于这类课程的受众群体特别广泛，涉及在校生和广大校外的学习者，慕课应该发挥既是辅助者又是主导者的双重作用。对于在校生而言，他们有条件接受更多地面对面的教学，此时，慕课可以是创新创业教育的辅助教学手段。但对于无法接受高等教育的广大校外学习者来说，慕课则是他们接受创新创业教育的主要形式。

（二）大量引入国外的创新创业教育慕课资源

我们有必要大量地引入国外的创新创业教育慕课资源，在我们的网站上系统地推广，这对于我国的教师和学生都是非常重要的。从教师的角度来讲，可以通过这些课程，学习和借鉴国外先进的教育理念和方法；从学生的角度来讲，可以直接学习到国外的创新创业教育课程知识，是学校课程的有力补充。因此，这就需要各高校加大对课程引入的投入力度，在翻译和制作上力求精益求精。除此之外，还需要一些企业的参与，进行市场化运作，这样能够在课程质量上形成良性竞争，有利于精品课程的不断引入和推广。

（三）建立全国创新创业教育慕课平台

基于慕课的创新创业教育要想获得长久的发展，必须建立一个既规范又权威的大型网络平台。这个平台主要提供国内外各重点院校的创新创业课程资源，其意义不仅在于提供优质的创新创业课程，更重要的是为我国的创新创业教育慕课平台树立标杆，起到为其他创新创业教育慕课平台提供学习和借鉴的作用。在这个平台上，最重要的就是能够提供大量的创新创业案例教学，开阔学生的视野，并定期聘请国内外专家针对具体案例在线答疑，让所有的学习者都能有与专家面对面交流的机会，这在一定程度上能够弥补我国高校创新创业课程中的师资水平和案例教学的薄弱之处。另外，在这个平台上还可以举办各种全国性的创新创业竞赛，利用其影响范围大、覆盖面广的作用来面向全国宣传和普及创新创业教育。

（四）打造具有各高校自身专业特色的创新创业教育慕课平台

因为各高校涉及的专业领域不同，对学生创新创业能力的培养也要在一定程度上与其所学专业相结合，所以仅有全国性的创新创业教育慕课平台对于整个创新创业教育的慕课需求

来说是远远不够的。这就需要各高校要全力打造具有自身专业特色的创新创业教育慕课平台。从平台面向的群体上来划分，可以分为在校生辅助创新创业课程平台和大众全程创新创业课程平台。前者用于面向在校生的创新创业教育的辅助教学，后者用于面向大众的与本专业相关的创新创业全程教育。从平台的课程功能上来划分，可以分为创新创业教育基础课程平台、创新创业教育能力课程平台和创新创业教育实践课程平台。每个课程平台都有比较系统的具体学科的全部课程，其中，创新创业教育能力课程平台和创新创业教育实践课程平台可根据不同专业的具体情况逐步实现与专业课程的融合。各高校不同的课程平台应能够实现不同专业的创新创业教育功能，为学习者学习创新创业知识和技能提供个性化的选择，以满足学习者多样性的学习需求。

（五）校企合作推出“企业家慕课讲坛”

创新创业教育不同于其他类型教育的最显著的特征就是实践性和应用性很强，而实践经验和应用能力常常是学校中的专兼职教师所不具备的，这就需要我们在创新创业教育中更多地吸收具备一定实践经验和应用能力的人来补充师资力量。社会中的知名企业家和优秀的创业者正是这个领域中最好的教师。因此，高校要多开展名家讲座，邀请这些成功人士为学生宣讲创新创业成功经验。由于现实条件的原因，不是每个高校都有能力聘请知名企业家，也不是每个企业家和创业者都有足够的时间和精力来做讲座。这就需要一些有实力的高校与企业合作推出“企业家慕课讲坛”，以慕课的形式将不同行业的企业家的成功经验分享给广大学习者，使更多的人能够从中受益，这对于企业的自身宣传也是非常有益的。但需要注意的是，“企业家慕课讲坛”不应该有过分的自我宣传的功利色彩，而应该是一种以创新创业相关内容为主题、以公益性为主的面向大众的网络课程。

参考文献

[1]李肖鸣，朱建新.大学生创业基础[M].2版.北京：清华大学出版社，2013.

[2]王杜春.大学生创业基础[M].北京：化学工业出版社，2013.

[3]徐明.创新与创业管理学：理论与实践[M].大连：东北财经大学出版社，2016.

[4]刘显铭，刘政，郭瑞翌，等.互联网创业课程创新方法探讨[J].科技创业月刊，2017（14）：51-53.

[5]杨浩.慕课背景下高校创业教育课程改革初探[J].决策探索，2017(8)：66-67.

[6]邓宏钟，李孟军，迟妍，等."慕课"发展中的问题探讨[J].科技创新导报，2013（19）：212-213.

[7]彭文博，尹新明，李冠峰，等.创新创业教育课程体系建设的探索与实践[J].创新与创业教育，2010（4）：55-57.

[8]车丽萍，李守成.大学生创业心理素质的培养路径探索[J].思想教育研究，2011(12)：93-96.

[9]田虎伟.大学生创业机会识别能力的培育[J].黄河科技大学学报，2011(3)：106-108.

[10]贺尊.创业计划书的撰写价值及基本准则[J].创新与创业教育，2012（5）：77-79.

[11]张优，张璐，董杨子.浅析大学生创业规划[J].中国成人教育，2011（2）：62-63.

[12]周伟，黄祥芳.高校创新创业教育课程体系研究[J].合作经济与科技，2012（16）：92-93.

[13]杨志清.论大学生创业文化素质的培养[J].河南科技，2005（5）：14-15.

[14]陈峰.创业项目的优势及在商业计划书中的表达[D].武汉：华中科技大学，2012.

[15]贡志国.商业计划书及其编制的研究[D].成都：西南交通大学，2004.

[16]彭晶.大学生创业心理素质分析与调查研究[D].武汉：湖北工业大学，2011.

[17]刘万利.创业者创业机会识别与创业意愿关系研究[D].成都：西南交通大学，2012.